AF193447

MI PIE IZQUIERDO

CHRISTY BROWN

MI PIE IZQUIERDO

Quinta edición

EDICIONES RIALP
MADRID

Título original: *My Left Foot.*
Editado por Mandarín Paperbacks. Michelin House, 81
Fulham Road, London SW3 6RB

© 1954 *by* Christy Brown
© 2025 *by* EDICIONES RIALP, S. A.,
Manuel Uribe 13-15 - 28033 Madrid
(www.rialp.com)

Quinta edición: junio de 2025

El editor se encuentra a disposición de los titulares
de derechos de autor con los que no haya podido
ponerse en contacto

Preimpresión: www.produccioneditorial.com

ISBN (edición impresa): 978-84-321-7089-8
ISBN (edición bajo demanda): 978-84-321-5773-8
ISNI: 0000 0001 0725 313X
Depósito legal: M-9389-2025
Impreso en Service Point S. A., Madrid

No está permitida la reproducción total o parcial de este libro, ni su tratamiento informático,
ni la transmisión de ninguna forma o por cualquier medio, ya sea electrónico, mecánico, por
fotocopia, por registro u otros métodos, sin el permiso previo y por escrito de los titulares del
copyright. Diríjase a CEDRO (Centro Español de Derechos Reprográficos, www.cedro.org) si
necesita reproducir, fotocopiar o escanear algún fragmento de esta obra.

ÍNDICE

1. La letra «A» 9

2. «M-a-m-á» 19

3. Mi hogar 27

4. Henry 39

5. Katriona Delahunt 51

6. El artista 63

7. Una mirada de compasión 71

8. Los muros de una prisión 81

9. Lourdes 95

10. La casa que mamá construyó 107

11. Visita relámpago 123

12. Lo que podía haber sido 131

13. La pluma 145

14. Dignidad y no compasión 157

14. Los tópicos y césar 171

16. Rosas rojas para ella 183

1.
LA LETRA «A»

NACÍ EN EL hospital de Rotunda el 5 de junio de 1932. Pertenezco al grupo intermedio de mis hermanos, pues nueve de ellos nacieron antes que yo y otros doce después. De los veintidós que éramos, sobrevivieron diecisiete, ya que cuatro murieron siendo niños, pero quedaron todavía trece para dar cohesión a nuestra familia.

Por lo que me han contado, mi nacimiento fue complejo. Mi madre y yo estuvimos a punto de morir. Un nutrido tropel de familiares hizo cola a la entrada del hospital hasta primeras horas de la mañana, en espera de noticias y rezando enfervorizadamente para que todo saliera bien.

Después del parto, a mamá la enviaron a restablecerse a casa durante algunas semanas y a mí me tuvieron mientras en el hospital.

Durante todo el tiempo que permanecí allí, no me dieron ningún nombre, pues no me bautizaron hasta que mi madre se encontró lo suficientemente bien como para llevarme a la iglesia.

Mamá fue la primera en advertir que algo malo me sucedía. Tenía yo entonces cuatro meses y ella se dio cuenta de que, al intentar darme la comida, la cabeza siempre se me desplazaba hacia atrás. Intentó corregirme esta costumbre poniéndome la mano detrás del cuello, para de esta forma mantenerlo erguido. Pero cada vez que ella retiraba la mano, mi cabeza se volvía a venir abajo. Ésta fue la primera señal de alarma. Más tarde, al ir yo creciendo iría fijándose en mis otras deformidades. Se dio cuenta de que, de forma casi constante, yo apretaba las manos llevándomelas a la espalda; y mi madre no podía introducir la tetina del biberón, porque incluso a esa temprana edad apretaba tan fuerte mis mandíbulas que le resultaba imposible que las abriera, o bien de improviso las abría y la boca se me desplazaba al otro extremo. Al cumplir los seis meses, ya no podía ponerme en pie sin tener a mi lado un montón de almohadas; y cuando cumplí doce, me seguía pasando lo mismo.

Muy preocupada, mamá hizo saber a papá sus temores, y ambos, sin pérdida de tiempo, decidieron consultar a un médico. Tenía yo poco más de un año cuando comenzaron a llevarme a clínicas y hospitales, tras convencerse definitivamente de que algo no iba bien, algo que ellos no sabían definir, pero que era una realidad cierta y preocupante.

Casi todos los doctores que me observaron me consideraron un caso a la vez interesante y sin esperanza. Muchos le dijeron a mamá de la forma más suave que yo padecía un retraso mental y que no había ninguna solución. Fue un golpe muy duro para una joven madre que ya había criado a cinco hijos perfectamente sanos. Tan convencidos estaban los médicos de su diagnóstico que les parecía casi una impertinencia la confianza que mi madre había depositado en mí. Y le aseguraban que nada se podía hacer.

Ella no quiso aceptar esta realidad, la realidad inevitable —al menos eso parecía entonces— de que no tenía ni cura ni, por supuesto, esperanza. Pero ella no podía ni quería creer que yo tuviera un retraso mental. No disponía de nada en qué basarse, ni siquiera la más mínima evidencia de que, aunque mi cuerpo estuviera paralizado, mi cerebro no lo estaba. Y, pese a todo lo que le habían dicho los médicos y especialistas, no estaba dispuesta a conformarse. No creo que supiera exactamente el porqué, pero lo sabía sin el menor atisbo de duda.

Al darse cuenta de que los médicos no le hacían ningún bien diciéndole que ella no tenía nada que esperar de mí, o dicho de otro modo, que debía olvidarse de que yo era no un ser humano, sino una cosa a la que alimentar, lavar y cuidar constantemente, mamá decidió desde entonces arreglárselas por sí misma. Yo era SU hijo y, por tanto, un miembro de SU familia. No importaba todo lo torpe e inútil que fuera, porque ella tomó la determinación de tratarme exactamente igual que a mis demás hermanos, y nunca como la "cosa extraña" del cuarto trastero de la que nadie habla, y menos cuando hay visita.

Esta fue una decisión trascendental para mi futuro. Significó que siempre tendría a mi madre a mi lado para ayudarme a combatir todos los obstáculos que se me presentaran, y para infundirme ánimos cada vez que me encontrara abatido. No fue una decisión fácil para ella, porque nuestros parientes y amigos tenían prevista otra cosa. Querían que se me tratara con afecto y ternura, pero nunca tomarme en serio. Eso sería una equivocación. "Por tu propio bien —le decían—, no trates a este chico como a los demás; al final solo vas a conseguir que se te parta el corazón". Por fortuna para mí, papá y mamá se mantuvieron firmes en contra de esta opinión. Pero mamá no se limitaba a afirmar que yo no era un retrasado mental, sino que quiso también demostrarlo, no porque tuviera un concepto estricto de sus obligaciones para conmigo, sino simplemente por amor. Precisamente por eso saldría victoriosa en esta prueba.

En aquella época ella tenía que cuidar de otros cinco niños, aunque nuestra familia todavía no se había completado. Estaban entonces mis hermanos Jim, Tony y Paddy, y mis hermanas Lily y Mona, que se llevaban entre sí más o menos un año, como en escalera.

Transcurrieron cuatro años, y yo ya había cumplido cinco, pero seguía necesitando de los mismos cuidados que si fuese un recién nacido. Mientras mi padre se ganaba la vida colocando ladrillos, mamá, lenta y pacientemente, echó abajo el muro, también ladrillo a ladrillo, que parecía alzarse entre los demás niños y yo pasando entre los densos cortinajes tras los que se ocultaba mi inteligencia y apartándolos. Fue una tarea ardua y angustiosa, porque ella no iba a obtener de mí más que una sonrisa difusa o un débil balbuceo. Yo no era capaz de hablar ni silabear, ni tampoco de ponerme de pie o de dar un solo paso sin ayuda de nadie. Pero no por eso era alguien pasivo e inerte. Más bien estaba como agitado por un continuo movimiento, un movimiento tan violento como el de una serpiente, que solo me abandonaba durante el sueño. Mis dedos estaban constantemente contraídos, mis brazos se retorcían hacia atrás y mi cabeza se ladeaba. Yo era un enfermo, en resumen, un disminuido.

Mamá me explicó que un día estuvo mucho rato conmigo en una de las habitaciones del piso de arriba de nuestra casa, enseñándome las ilustraciones de un libro de cuentos que me había traído Santa Claus aquellas Navidades. Me iba diciendo nombres de animales y plantas que aparecían en él e intentó, sin ningún éxito, que los repitiera. Esta situación se prolongó durante horas, mientras ella no dejaba de hablarme. Por fin, inclinándose sobre mí, me susurró muy despacio en el oído:

—¿Te ha gustado, Chris? ¿Te han gustado los osos, los monos y todas esas flores tan bonitas? Mueve la cabeza para decir que sí, sé buen chico.

Pero no pude hacer ningún signo para que pudiera entenderme. Inclinó su rostro hacia mí, con una expresión que daba confianza. Repentinamente y de modo involuntario, alargué la mano para alcanzar uno de los rizos que caían por su cuello en un espeso ramillete. Ella se soltó muy despacio de entre mis dedos, aunque no pudo evitar que algunos cabellos se me quedaran enredados.

Luego, tras esquivar mi mirada de asombro, salió llorando de la habitación. La puerta se cerró tras ella. Todo parecía inútil. Todo daba la razón a los argumentos de mis familiares en el sentido de que yo era un retrasado mental al que nadie podía ayudar. Y otra vez empezaron a hablar de llevarme a un internado.

—¡Nunca! —decía mi madre de un modo casi violento cuando le decían algo—. Sé que mi hijo no es ningún retrasado mental. Es su cuerpo el que está enfermo, pero no su cerebro. Estoy segura.

¿Pero estaba segura? Para sus adentros ella le pedía a Dios que le diera alguna prueba de que estaba en lo cierto, porque sabía que una cosa es creer y otra completamente distinta tener pruebas.

Cuando cumplí cinco años, seguía sin dar señales de inteligencia. Aparentemente no demostraba ningún interés por nada, salvo por los dedos de mis pies y, de manera especial, por los de mi pie izquierdo. Pese a que mis hábitos instintivos estaban bien definidos, era incapaz de valerme por mí mismo, y mi padre era entonces el que se ocupaba de mí. Yo solía estar tumbado en la cocina, o en el jardín, en los días despejados del verano, como un montón de músculos encorvados con los nervios retorcidos, rodeado por una familia que me quería y confiaba en mí haciéndome partícipe de su afecto y bondad. Me encontraba solo, prisionero en mi propio mundo, incapaz de comunicarme con los demás, desgajado, separado de ellos, como si un muro de cristal se alzara entre mi existencia y las suyas, al margen de sus vidas y trabajos. Tenía ganas de correr y jugar con ellos, pero era incapaz de soltar las ataduras de mi cautiverio.

Entonces, y de forma imprevista, ¡sucedió! En un momento todo cambió, mi existencia futura tomaría forma definitiva, la confianza de mi madre en mí se vio recompensada y sus temores ocultos se transformaron en una victoria rotunda.

Todo sucedió tan rápido, de forma tan simple, después de tantos años de espera e incertidumbre, que aún me parece contemplar toda aquella escena como si hubiera sucedido hace unos días. Era la tarde de un frío y nublado día de diciembre. La nieve brillaba en las calles; copos chispeantes golpeaban y se deshacían contra los cristales de las ventanas y también colgaban de las ramas de los árboles como plata fundida. Aullaba el viento haciendo rodar montoncitos de nieve que subían y bajaban a cada una de sus ráfagas. Por encima de todo, se extendía la bóveda de un cielo pálido y tenebroso, con una variedad infinita de grises.

Dentro de la casa, toda la familia estaba reunida junto al fuego de la cocina, que alumbraba con su luz difusa la pequeña estancia, formando sombras gigantescas sobre el techo y las paredes. Mona y Paddy se habían acurrucado en un rincón, en compañía de sus desgastados libros del colegio. Estaban haciendo sumas sobre una vieja y desportillada pizarra con un pedazo de tiza amarillo. Yo me encontraba junto a ellos, protegido por unas almohadas con las que me apoyaba contra la pared.

Lo que me atraía sobre todo era la tiza. Era una especie de bastoncillo largo y delgado de un color amarillo muy vivo. Nunca había visto nada igual y ahora se me aparecía tan nítidamente sobre la negra superficie de la pizarra que quedé tan fascinado como si fuera de oro. De repente quise hacer de forma desesperada lo mismo que mi hermana. Así que, sin pensar ni saber lo que estaba haciendo, me incorporé y cogí la tiza de sus manos *con mi pie izquierdo*.

Ignoro por qué utilicé el pie. Esto es un enigma no solo para muchas personas sino también para mí, porque, aunque demostré un curioso interés por los dedos de mis pies desde temprana edad, nunca había intentado antes hacer uso de ellos. Podían haber seguido siendo tan inútiles como mis manos. Sin embargo, ese día mi pie izquierdo, aparentemente por su propia voluntad, se incorporó y arrebató sin ninguna cortesía la tiza de manos de mi hermana. La sujeté con fuerza entre los dedos de los pies y, de forma impulsiva, hice un violento garabato sobre la pizarra. Después me quedé quieto, algo aturdido, mirando el pedazo de tiza amarilla prendido entre mis dedos, no sabiendo qué hacer con él, y prácticamente ignorando cómo podía haber llegado hasta allí. Alcé la cabeza y me di cuenta de que todos habían dejado de hablar observándome fijamente y en silencio. Nadie se movió. Mona, con su carita mofletuda y sus rizos negros, me miraba con la boca abierta. Frente a la chimenea, y con el rostro iluminado por las llamas, se sentaba mi padre, en tensión y con las manos sobre las rodillas. Yo sentía cómo el sudor me caía por la frente.

Mi madre se aproximaba con un tazón humeante entre las manos. Se detuvo entre la mesa y la chimenea sintiendo también esa tensión. Su mirada se fijó donde yo estaba. Me miró de pies a cabeza observando la tiza en mis dedos. Dejó el tazón, y se acercó arrodillándose junto a mí, como tantas veces había hecho.

—Te voy a enseñar qué hacer con esto, Chris —me dijo y, de un modo brusco y extraño, su rostro enrojeció como mostrando una interna emoción; y tomando otro pedazo de tiza, y tras vacilar un instante, dibujó muy pausadamente en el suelo la letra A.

—Copia eso, cópialo, Christy.

Yo no podía. Miré a mi alrededor, a los rostros que me contemplaban, tensos, agitados, y en ese momento inmóviles y anhelantes, como esperando un milagro. Reinaba un profundo silencio. Las llamas y sombras de la habitación saltaban ante mis ojos adormeciendo la tirantez de mis nervios, como si estuviera soñando despierto. Podía oírse el grifo del agua, el tictac del reloj sobre la repisa de la chimenea, y el crepitar de la leña en el fuego. Lo volví a intentar. Estiré el pie, y, con una fuerte sacudida, solo conseguí trazar una línea retorcida. Mamá me sujetó la pizarra.

—Prueba otra vez, Chris—me susurró al oído—, ¡Otra vez! Lo hice. Me puse rígido y estiré el pie izquierdo por tercera vez. Dibujé un extremo de la letra. Luego el otro. Pero la tiza se rompió y me quedé con un pedazo entre los dedos. Quise entonces echarlo todo a rodar y darme por vencido, pero sentí sobre el hombro la mano de mi madre. Lo intenté una vez más. Estiré el pie. Lo apreté, y sin dejar de sudar, puse en tensión cada músculo. Apretaba tanto las manos que las uñas de los dedos se me clavaban en la came. Apretaba tanto los dientes que casi me corté el labio inferior. Toda la habitación parecía dar vueltas a mi alrededor, y en vez de rostros solo veía manchas blancas. Pero la dibujé, dibujé la letra A; apareció a mi lado, en el suelo. Temblorosa, desgarbada, de bordes poco definidos y con el palito central desigual. Pero era la letra A. Alcé la vista y vi por un momento lágrimas en las mejillas de mi madre. Luego mi padre se agachó para alzarme sobre sus hombros.

¡Lo había conseguido! Aquello iba a dar a mi inteligencia la oportunidad de expresarse por sí misma. Es verdad que yo no podía hablar con los labios, pero desde ahora podía hacerlo con algo más perenne que las palabras habladas: las palabras escritas. Esa única letra garabateada en el suelo con un pedazo roto de tiza, sujeto entre los dedos de mis pies, abrió mi camino hacia un nuevo mundo, fue la llave para liberar mi inteligencia. Y proporcionó un remanso de paz a mi tensión, pues, a pesar de mi boca deforme, yo anhelaba encontrar una forma de expresarme.

2.
«M-A-M-Á»

DESPUÉS DE HABERME enseñado a dibujar la letra A, mamá quiso enseñarme del mismo modo todo el alfabeto. Estaba resuelta a servirse de la oportunidad que se le había presentado de manera tan prodigiosa, y así ayudarme a comunicarme con los demás por medio de la palabra escrita, ya que no podía hacerlo con la palabra hablada.

Me acuerdo muy bien de cómo lo hizo. Los días en que no estaba muy ocupada con las tareas domésticas me llevaba al dormitorio principal y se pasaba conmigo horas enteras enseñándome letra tras letra. Escribía cada letra en el suelo con un pedazo de tiza. Después las borraba con un trapo y me las hacía escribir otra vez de memoria colocándome la tiza entre los dedos de los pies. Fue una difícil tarea para ambos. A menudo, yo la interrumpía mientras preparaba la cena, con una especie de grito para que viniera a ver si había escrito correctamente la palabra. Si me equivocaba, se ponía de rodillas, con las manos cubiertas de harina, y me enseñaba la forma correcta de hacerlo. Recuerdo que lo primero que aprendí a escribir fueron mis iniciales: C. B., aunque muchas veces me equivocaba y ponía la B antes que la C. Cuando me preguntaban mi nombre, cogía una tiza y escribía con grandes trazos: C. B.

Poco después aprendí a escribir mi nombre completo. Me sentí muy orgulloso de mí mismo cuando lo conseguí. Me creí alguien importante.

Cuando iba a cumplir seis años, ya estaba harto de escribir siempre solo mi nombre. Quería hacer algo más, algo mucho más importante. Pero me resultaba imposible porque aún no sabía leer y tampoco cómo conseguirlo. Lo único cierto es que estaba celoso de Jim, Tony, Mona y Peter, y creía que yo también lo conseguiría.

Ayudado por mi madre, y de forma lenta y trabajosa aprendí a trazar todas las letras del abecedario, utilizándolas una tras otra. Algo que animó bastante a mamá por aquel entonces fue mi capacidad de escuchar y fijarme atentamente en ella cuando se sentaba a mi lado para darme las lecciones. Y mi atención rara vez decaía.

Me acuerdo de una noche de invierno en que mi madre y yo estábamos sentados en un gran sillón de piel junto a la chimenea. Mi hermano recién nacido dormía en su cochecito al otro lado del hogar. Estábamos solos junto a aquella luz sombría, pues mi padre había ido a una reunión con otros albañiles y mis hermanos estaban jugando en la calle. Mi madre tenía en la mano la cartilla de Peter, y me estaba leyendo cuentos infantiles como el de los niños de Lir convertidos en cisnes por su malvada madrastra o el del rey que convertía en oro todo lo que tocaba. Me siguió leyendo hasta que las sombras envolvieron la habitación y el pequeño Eamonn empezó a agitarse y a llorar. Entonces mamá se levantó, encendió la luz y se rompió el encanto.

Al conocer el abecedario, yo ya tenía mucho avanzado y pronto fui capaz de agrupar letras para formar palabras cortas. Más tarde aprendí a agrupar palabras y a formar oraciones. Estaba progresando, pero no era nada fácil ni sencillo. Mamá tenía por aquel entonces otros siete niños a los que cuidar. Por suerte, mi hermana Lily era una gran ayuda para ella. Lily o Titch, como también la llamábamos, era la mayor y algo así como la madrecita de todos, una chica menudita, de rizos ondulados y ojos vivarachos. Cuando quería, era muy amable, casi un ángel. Pero cuando se ponía furiosa, no tenía nada de angelical. Lily se dio cuenta de las dificultades por las que atravesaba mi madre en menos tiempo de lo que lo hubiera hecho una persona adulta, y actuó en consecuencia. Se ocupó del cuidado de mis hermanos para que de esta forma mamá pudiera dedicarme más tiempo. Lily cocinaba, lavaba y vestía a los más pequeños, y hasta limpiaba los oídos a los mayores todas las mañanas antes de irse al colegio. Quizás también era un tanto impulsiva, porque con frecuencia Jim y Tony andaban por la cocina cabizbajos y avergonzados, dando testimonio de las tareas domésticas de la pequeña Lily en forma de orejas hinchadas y ojos amoratados.

Aunque era incapaz de hablar de modo inteligible, tenía una especie de lenguaje a base de gruñidos, con el que mi familia más o menos me entendía. Y cuando no podían entenderme, señalaba al suelo y escribía las palabras con el pie izquierdo. Pero si no lograba deletrear lo que pretendía escribir, reventaba de ira, y con ello solo conseguía emitir una serie de gruñidos de lo más incoherente. A los siete años, apenas era capaz de expresarme, pero al menos me incorporaba por mí mismo y me arrastraba de un lado a otro sin herirme ni chocar con la porcelana de mamá. No llevaba ni zapatos ni ninguna otra clase de calzado. Desde muy pequeño, mi madre intentó acostumbrarme a llevarlos, ya que opinaba que descalzo tenía un aspecto muy desaliñado. Pero en cuanto ella me ponía los zapatos, yo me los quitaba una y otra vez. No me gustaba tener los pies cubiertos, y, si mamá me ponía zapatos o calcetines, me sentía como si a cualquier persona normal le ataran las manos a la espalda.

Conforme transcurría el tiempo, empecé a depender cada vez más de mi pie izquierdo. Él era mi principal modo de comunicarme y de hacerme entender por mi familia. Poco a poco se convirtió en algo indispensable para mí. Gracias a él aprendí a eliminar algunas de las barreras que se interponían entre mí y los de mi casa. Sería la única llave que abriría la puerta de la prisión en que me encontraba.

Uno de mis hábitos cuando escribía algo en el suelo era escupir, borrarlo con el talón y volverlo a escribir de memoria tal y como mi madre me enseñara. Tenía yo seis años y medio cuando un médico vino a visitar a uno de mis hermanos, que se había fracturado la muñeca jugando al rugby. Al salir, el médico me vio escribiendo con una tiza entre los dedos. Su actitud fue un tanto escéptica y empezó a hacerle preguntas a mamá, y ella, ansiosa por demostrarle que yo podía entender todo lo que él me dijera, me colocó encima de una mesa y le invitó a pedirme que escribiera algo para él. Por un momento se quedó pensativo, a continuación sacó de su maletín una voluminosa agenda, me dio un gran lápiz rojo y me dijo que escribiera en ella mi nombre.

Con el lápiz entre los dedos dirigí el libro hacia mí, me sosegué y escribí muy lentamente mi nombre en la hoja de guarda con grandes letras mayúsculas.

—¡Increíble! Estoy asombrado, Mrs. Brown; es verdaderamente... —comenzó a decir, luego se quedó paralizado por la sorpresa, y mamá se puso colorada, por lo que yo, tras dudar un momento, escupí deliberadamente sobre la página e intenté borrar enérgicamente lo escrito sin llegar a entender por qué las palabras escritas a lápiz no se borraban tan fácilmente como las hechas con tiza.

Sin prestar atención a las excusas de mi madre, el médico se rió y me acarició la cabeza diciéndome que era un buen chico. Después de aquello me visitaría con cierta frecuencia, siguiendo atentamente mis progresos durante bastantes años.

Al tiempo que iba creciendo, mi familia no dejaba de aumentar. Yo crecía en constitución y estatura, y también se desarrollaba mi inteligencia. Mamá se dio cuenta de que casi había sobrepasado el nivel del abecedario y también sus capacidades como maestra. Ya no me contentaba con sentarme a escuchar mientras mamá se ponía a leerme muy pausadamente. No quería descansar hasta que no fuera capaz de leer por mí mismo, como Peter o Mona. Además, estaba impaciente por demostrarles que podía hacer lo mismo que ellos. En lugar de una tiza empecé a utilizar un lápiz, aunque nunca pude acostumbrarme a manejar la pluma. En cierta ocasión intenté escribir mi nombre con la mejor estilográfica de mi padre, mientras unos vecinos permanecían a mi lado de pie y expectantes. Pero, para sonrojo de mi madre, acabé arrojándola al suelo, furioso porque no hacía más que clavarla sobre el papel cada vez que intentaba escribir.

Al saber que me resultaba imposible ir al colegio como los demás niños, mi madre empezó a preocuparse por cómo podría ayudarme, pues, aunque estaba satisfecha de que mi estado mental fuera completamente normal, le daba mucho miedo que me hiciera mayor siendo un analfabeto y, por consiguiente, me encontrara en franca desventaja no solo desde el punto de vista físico sino también desde el intelectual. Estos temores la atormentaban casi constantemente. Pero no era tanto por el hecho de tener un hijo analfabeto, como por el de que fuera un disminuido. Pensaba, sobre todo, en los inconvenientes materiales que yo tendría conforme fuera creciendo. Por encima de todo deseaba equipararme a mis hermanos hasta donde fuera posible, y, como no podía asistir al colegio, hizo todo lo que pudo por aminorar las consecuencias de esa desventaja. Pero mamá no tenía ni demasiado tiempo ni muchas oportunidades de atenderme a diario, porque casi siempre estaba ocupada, esforzándose por sacar adelante a la familia en las épocas de desempleo de mi padre, de enfermedades y otras muchas preocupaciones. A veces le costaba sonreír, pero de una forma o de otra, aprendió a arreglárselas siempre.

Mientras mamá trabajaba, yo era el que me ocupaba de mí mismo, e intentaba descifrar palabras nuevas. Tenía por costumbre deletrear los nombres de los objetos que me rodeaban, como una chimenea, un cuadro, una puerta, una silla... En cuanto empecé a controlar ese nuevo mundo, me sentí muy satisfecho y pude escribirlo para mamá, para de esta forma demostrarle mis conocimientos. Un día, de modo muy trabajoso, había intentado conquistar aquel nuevo mundo que era para mí la cartilla de Peter. Lo conseguí y me volví hacia donde estaba mamá, sentada junto a la chimenea dando el pecho a un hermanito. Era de noche, y la luz mortecina de aquel mes de abril se dibujaba sobre el suelo y sobre una brillante mesita de caoba, dejando al descubierto las grietas que zigzagueaban en su superficie. No habíamos empezado a tomar el té y mis demás hermanos estaban jugando en el piso de arriba. Me acurruqué en un rincón del sofá, con la cartilla de Peter y un lápiz en mi pie izquierdo. En muchas ocasiones a lo largo de aquel día había buscado a mi madre con mirada suplicante, tras haber perdido la esperanza de llegar a escribir por mí mismo una palabra. Pero, tras verla balancearse suavemente en la mecedora, al tiempo que sujetaba al niño estrechamente contra su pecho, volví de nuevo la mirada al papel, como presintiendo que, de un modo o de otro, tendría que escribir la palabra sin ayuda de mamá.

Poco después di un gran alarido de triunfo, que hizo a mamá respingar, y al niño despertarse inquieto en sus brazos.

—¿Qué pasa, Chris? —me preguntó—. ¡Has despertado al niño!

Pero no le hice caso. Con mis típicos gruñidos le estaba diciendo que se acercara hasta mí.

—¿Una palabra nueva?, ¿de verdad? —dijo, mientras se acercaba para sentarse en un extremo del sofá, con el niño dormido en sus brazos.

Le sonreí, y tomando el lápiz escribí la palabra con la que me había devanado los sesos durante tanto tiempo. Tras acabarla, miré a mi madre buscando su aprobación y vi que ella observaba detenidamente lo que había escrito en el margen de la página. Estaba tan absorta que me puse nervioso y le di un puntapié. Ella se volvió, me acarició con la mano, y me sonrió.

La nueva palabra que aprendí a escribir por primera vez era M-A-M-Á.

3.
MI HOGAR

CUANDO CUMPLÍ SIETE años, gracias a la ayuda de mis hermanos, empecé a relacionarme con chicos de mi edad. Me llevaban con ellos cuando se iban a jugar a la calle, después de salir del colegio, tras introducirme en un viejo y herrumbroso cochecito de niño, al que ellos calificaban de "carroza". Algunos de los mejores años de mi vida guardan relación con aquel destartalado armatoste de manivela retorcida y ruedas desviadas, que chirriaba y crujía en sus recorridos, tanto por calles alumbradas como por callejones oscuros y tenebrosos, en los cálidos atardeceres de junio o en el gris gélido de una noche de diciembre.

Muy pronto hice amigos con los que me lo pasaba bastante bien. Eran chicos de nuestra vecindad lo suficientemente jóvenes y abiertos como para aceptarme como uno más sin hacer preguntas. Crecieron a mi lado y, de la forma más natural, se hicieron mis amigos. En realidad, muchos de ellos contemplaban mi desgracia con cierto aire de superioridad, o mejor dicho, de piedad, y me trataban con consideración y respeto.

Por aquel entonces mi estado me permitía incluso incorporarme en el cochecito, sin ningún almohadón en la espalda. Me caí bastantes veces en estos paseos, cuando el coche volcaba tras doblar una curva a toda velocidad, y yo rodaba por el suelo entre gritos y chillidos. Pero me adapté por completo a esta situación y hasta me gustaba dejarme caer así, con la única consecuencia, aunque fuese una mala caída, de una magulladura o uno o dos rasguños. Todo aquello hasta me producía emoción.

En nuestra casa, el gran acontecimiento era el almuerzo. Para nosotros, los niños, nunca era pronto para comer. Esperábamos pacientemente hasta que mamá ponía la mesa, para lanzarnos sobre ella como un enjambre de abejas. Yo, abriéndome paso entre los demás, me las arreglaba para ser el primero, e incluso me lanzaba desde una silla, hasta que alguno de mis hermanos mayores me levantaba en brazos. Entonces comenzaba la pelea por ver quién de nosotros echaba a los demás. Nos importaban muy poco los métodos empleados. Nuestro principal objetivo era atiborrarnos de todo el pan con mantequilla que pudiéramos llegar a consumir sin reventar. Aunque evidentemente era incapaz de comer por mí mismo, ello no me impedía ser parte activa en aquellas contiendas de la mesa. Mi madre o mi padre se sentaban a mi lado para darme de comer. Y a menudo se les cansaban las manos del simple proceso de tomar el pan para introducirlo en mi boca.

—¡También podríais probar a llenarlo de vez en cuando! —se quejaba mi padre, trayendo el plato del pan, por séptima u octava vez.

Todos intentábamos superar al comensal de al lado, dando cada uno buena cuenta de su parte, pero el que siempre ganaba era Peter. Cuando mamá decía: "¿Cuántas?", todos gritábamos al unísono: "¡Tres rebanadas!".

Después de tomar el té, y si no habíamos decidido salir a ningún sitio, nos poníamos a jugar al escondite o a la "gallina ciega". Y no pocas veces papá, al ver lo que estábamos tramando, se levantaba rápidamente de su asiento, dejando caer al suelo el periódico, luego se ponía el abrigo y el sombrero y le decía a mamá cuando ya estaba llegando a la puerta de la calle: "¡Volveré cuando todos os hayáis acostado!".

Tras lanzar una moneda al aire al grito de "¿Cara o cruz?", se decidía a quién le tocaba ser la "gallina ciega". Uno de los chicos se hacía con un pañuelo viejo o con un calcetín, lo ataba sobre los ojos de la persona elegida y empezaba el juego. Todos corrían detrás del "ciego" sin dejar de reírse cuando este trataba de agarrar a alguno por el brazo o por las piernas, aunque a él le llevaba de un lado a otro de la habitación, con toda clase de golpes y empujones. Aquel no era precisamente un juego de buenos modales.

En alguna ocasión me tocó a mí hacer de "gallina ciega". Me ataban un pañuelo alrededor de la cabeza y aguardaban un segundo hasta que se colocaban en sus puestos y gritaban: «¡Estamos listos!».

Por un momento, me detenía esperando captar el más mínimo eco de una respiración o alguna risita que me indicara dónde podían haberse escondido; luego, con sumo cuidado, me arrastraba sobre la espalda en esa dirección. Después adelantaba el pie izquierdo, con todos los dedos en tensión, hasta tocar la pernera de los pantalones de Peter o el filo del vestido de Mona.

Si atrapaba algo, lo arrastraba hacia mí, arrebujándolo entre mis piernas hasta que el prisionero gritaba y, la mayoría de las veces, hasta jadeaba. Tras decir: "¡Me rindo!", lo dejaba libre y el pañuelo, de mis ojos, pasaba ahora a él.

Tenía yo ocho años cuando en una ocasión, durante la noche de difuntos, invitamos a algunos de nuestros amigos a una pequeña fiesta en nuestra casa, aprovechando que papá y mamá habían salido. Aquella noche teníamos la casa entera para nosotros, y a decir verdad, nos vino bien, porque éramos muchos. Mis tres hermanas trajeron también a algunas amigas. Las chicas eran siete en total y prácticamente había el doble de chicos, y todos nos disfrazamos con extravagantes trajes y espantosas caretas. Tras devorar con avidez manzanas, nueces, y muchas más cosas, nos pusimos a jugar al escondite. Yo iba a obrar con astucia, porque precisamente oí a una de las chicas, Sally —una criatura rellenita de doce años, mejillas sonrosadas, y un amasijo de cabellos leonados—, decirle a Mona que se iba a esconder en el fondo de una enorme bañera donde a nadie se le ocurriría mirar, pues habitualmente estaba llena de agua. Esta vez, sin embargo, la bañera estaba vacía, y Sally totalmente convencida de haber encontrado el escondite ideal. Me arrastré en la oscuridad todo lo rápido que pude, para esconderme cerca de la bañera antes de que Sally llegara. Había un montón de trastos apilados allí, tales como botas viejas, ropas, botellas..., por lo que cada vez que me movía, la punta de un viejo paraguas se me incrustaba en las costillas. Pero acabé por acostumbrarme, y poco después oí que alguien entraba dirigiéndose hacia la bañera. Desde el pequeño halo de luz que venía a través de la hendidura de la puerta, pude ver dos pantorrillas blancas y flacuchas, con sandalias. Era Sally. La oí meterse dentro de la bañera, pero no bajó la tapadera que la cubría, por lo que pensé que debía ser tonta, pues así la verían muy fácilmente, incluso en la oscuridad, al llevar un vestido de seda blanco.

Instantes después llegó alguien más, y por el ruido de sus botas claveteadas sobre el suelo de hormigón supe que se trataba de uno de los chicos. Era lo que estaba esperando, ya que mi plan era gritar y que todos acudieran antes de que Sally tuviera tiempo de escapar. Tras tomar aliento, me disponía a gritar, pero en ese momento, las botas llegaron a la bañera, y una voz que reconocí como la de Charlie, uno de nuestros amigos, susurró:

—Sally, ¿estás ahí?

—Sí, Charlie. Te estoy esperando —dijo al instante Sally, y después añadió en voz muy baja: "No hagas ruido".

—No —respondió él.

A continuación se encaramó sobre la bañera y se metió dentro. Después oí cómo la tapadera se cerraba sobre los dos.

Salí de mi escondite, con algo de tortícolis, y me senté a escuchar junto a la bañera. Desde dentro llegaban como risitas sofocadas. Me aproximé todavía más, y puse el oído en un resquicio de la tapadera, que mediría no más de cinco centímetros, para así poder escuchar mejor.

—¿Me quieres? —preguntó Sally.

—Claro que sí —respondió Charlie, un tanto maquinalmente, y esto fue acompañado del sonido de un estrepitoso beso.

Me levanté de mal humor, pues me parecía que Charlie debía ser un mariquita al quedarse todo el rato con una chica en vez de estar con los demás. Estaba otra vez arrastrándome hacia la puerta con mucho sigilo, cuando se me ocurrió algo.

Sonreí maliciosamente y volví otra vez hacia la bañera, y, sin hacer ruido, me incorporé inclinándome todo lo que pude sobre donde estaban los dos grifos. Tuve que hacer necesariamente algo de ruido, pero los de dentro estaban demasiado ocupados como para darse cuenta.

En mi posición no podía hacer uso ni de las manos ni de los pies, así que me estiré todavía más, para apretar con la frente uno de los grifos, después giré muy despacio la llave con la cabeza, haciéndome bastante daño. Al poco se abrió y el agua empezó a correr en la bañera. Bajé al suelo y me dirigí hacia la puerta arrastrándome con la rapidez de una araña. Aún pude escuchar cómo saltaba la tapa de la bañera y a la pobre Sally gritar: "¡Mamá!, ¡mamá!", saltando a toda prisa en compañía de Charlie. Pero yo, oportunamente, me deslicé hasta la cocina antes de que ninguno de los dos pudiera quitarse el agua de los ojos. Ni que decir tiene que ni Sally ni Charlie volvieron más a nuestra casa después de aquello.

Por Navidad siempre nos lo pasábamos bien, aunque algunas veces no tuviéramos demasiado para celebrarla. Y, aunque había muy poco dinero en casa, siempre llegaba Santa Claus con sus regalitos envueltos en papel de brillantes colorines, que les daban un aspecto más grande y también su toque de emoción. Nos veíamos obligados a desenrollar pliego tras pliego de papel hasta descubrir el diminuto juguete que llevaban dentro, un detalle sencillo comprado por unas monedas en cualquier tiendecita de alguna calle apartada, en los lugares menos atrayentes de Dublin, y de los que ninguno de nosotros había oído hablar hasta entonces. Pero aquellos regalos representaban mucho para nosotros cuando los veíamos colocados en nuestras bolsas la mañana de Navidad. Su valor era superior al de los más costosos trenes eléctricos o coches de juguete.

Aquella noche todos los niños menos yo solían irse muy pronto a la cama. A mí, mamá me dejaba oír por la radio la misa de medianoche desde la iglesia de los Padres de Espíritu Santo, en Kimmage Manor, pues no me era posible acudir en mis condiciones. Mamá también me enseñó a rezar, y ello me permitía seguir un poco la transmisión de la misa, aunque no podía entender todo lo que decía el sacerdote, sobre todo cuando hablaba en aquel idioma, que a mí me resultaba divertido y que papá me había dicho que era latín. Muchas veces me preguntaba por qué el cura decía todas la oraciones en latín. Y Peter me respondía diciendo que era porque los santos solo hablaban latín y que Dios no podía entender el inglés.

Conforme iba creciendo, mi madre intentó a duras penas que me interesara por aprender el catecismo, pero eso me atraía menos que los cuentos de hadas, como aquel del rey Lir y los niños transformados en cisnes. Cuando mamá me dijo que Dios creó el mundo en siete días, di por sentada la cuestión y no hice ninguna pregunta más. Pero cuando me contó la historia de Lir, por lo menos le hice una docena de preguntas sobre los niños-cisne y por qué les hizo eso su malvada madrastra. Yo estaba completamente convencido de que aquel era el más bonito de los cuentos. Sin embargo, cuando Tony me dijo que Dios era el constructor de todas las cosas del mundo, le llamé mentiroso, porque, más de una vez, había oído decir a papá que solo los albañiles estaban capacitados para construir, y yo sabía evidentemente que Dios no era un albañil.

Mi hermano Tony era un chico un tanto desmadrado. Siempre le gustaba armar jaleo en casa y fuera de ella. Y tenía también algo de Romeo. Se llevaba de calle a todas las chicas del vecindario, aunque aparentemente no se interesaba lo más mínimo por ellas, ni siquiera por Nancy, a quien se tenía por la más bonita de todas. De todos mis hermanos, Tony, un muchacho alto y de rostro cetrino, era el más fuerte y el mejor parecido, con su pelo negro rizado, sus anchas manos y sus blancos dientes que siempre le brillaban. En casa todos le teníamos un gran respeto, y yo le convertí en mi primer héroe.

Incluso una vez le ayudé cuando se encontraba en apuros. Entonces yo tenía ocho años y él trece. Resultó que él y un amigo tuvieron una discusión. Se pelearon y Tony lo tiró al suelo. Pero alguien fue con el chivatazo a papá, y Tony se ganó una bofetada y le castigaron con una semana de encierro en el cuarto trastero.

La noche siguiente era precisamente la de difuntos. Toda nuestra pandilla había estado ahorrando para comprar toda clase de petardos, pues querían pasárselo muy bien. Pero mi padre fue enérgico: Tony debería quedarse en casa hasta que "aprendiera la lección".

El pobre Tony estaba desesperado. Y lo malo era que nadie de casa podía ayudarle.

—¡Si al menos tuviera la maldita llave para salir de aquí! —se quejaba desde el cuarto trastero. Pero nadie podía oírle.

Yo estaba como desquiciado. Y quería ayudar a Tony, aunque solo fuera por demostrar a mis otros hermanos que tenía bastantes agallas. Ignoraba cómo podría hacerlo. Lo único que sabía es que mamá guardaba la llave en el bolsillo de su delantal, porque papá le había dicho que la pusiera allí pensando que era el lugar más seguro. El problema era cómo hacerme con ella. Tuve entonces una idea. No me convencía del todo, pero era la única forma.

Me acerqué hasta mamá, que estaba sentada en un sofá cosiendo un mono de mi padre, e incliné la cabeza sobre sus rodillas, adoptando una expresión de tristeza. Ella se quedó sorprendida, porque aquello no era habitual en mí, pues no me gustaban los mimos.

—¿Estás cansado? —me dijo, dejando a un lado la aguja y el hilo. Moví la cabeza, y ella me colocó sobre sus rodillas.

—Cantaremos una canción para que venga pronto el mago de los sueños.

Entonces empezó a cantar muy despacio una antigua balada irlandesa, con la que a cualquiera le habría entrado sueño.

Cerré los ojos y en pocos minutos estaba roncando de la manera más convincente. A continuación moví muy lentamente el pie izquierdo hacia el bolsillo del delantal de mamá, deteniéndome una y otra vez hasta que estuve seguro de haberlo metido dentro. Muy cuidadosamente empecé a explorar su contenido. Había toda clase de cosas: tijeras, botones, carretes de hilo... Ya iba a darme por vencido cuando, de repente, mis dedos tocaron algo frío y duro. Se trataba de la llave. La agarré y, muy despacio, deslicé el pie fuera del bolsillo, apretándola con fuerza. Hice toda la operación tan sigilosamente que mamá no se dio cuenta de nada. Debió pensar que me estaba moviendo en sueños. Más tarde me colocó con mucho cuidado sobre el sofá, echándome un viejo gabán por encima. Después se puso a preparar la cena.

En el momento en que salió, tiré el gabán al suelo, me bajé del sofá y me arrastré lo más rápido que pude hacia la puerta. Por fortuna para mí estaba abierta, así que salí al pasillo y me deslicé por las escaleras como un cangrejo, llegando hasta el rellano sin romperme el cuello.

Con el pie izquierdo di un golpe en la puerta, y desde dentro se oyó la voz un tanto desconfiada de mi hermano: "¿Quién está ahí?". Traté de hacerle entender que era yo. "¿Qué quieres?", me preguntó. Con un gruñido le dije que tenía la llave. Algo se movió dentro de la habitación, e inmediatamente Tony y yo estábamos agachados a cada lado de la puerta, mirándonos el uno al otro a través de la cerradura. Nos vimos ojo con ojo por primera y última vez en nuestra vida.

—¡Muy bien! ¿Puedes meterla por debajo de la puerta? —dijo Tony, con voz entrecortada, pero la hendidura de debajo no era lo suficientemente amplia como para dejar pasar la llave. Se quedaba a medio camino.

—¡Yo lo haré! —dijo mi hermano con decisión.

Sacó un cortaplumas del bolsillo del pantalón, y empezó a raspar la madera del fondo de la puerta, hasta conseguir hacerla casi un centímetro y medio más amplia.

—¡Inténtalo ahora! —prosiguió.

Volví a empujar la llave y, esta vez, pasó sin ninguna dificultad.

—¡Estupendo! —exclamó.

Le oí levantarse y en pocos segundos la cerradura giró y Tony llegó hasta el rellano de la escalera radiante de satisfacción. Me dio un tirón de orejas...

—Eres un buen chico, Chris —me dijo—. ¡Vales más que nadie!

A continuación bajó corriendo las escaleras, y solo se paró para hacerme una señal con la mano y sonreírme. Al instante abrió la puerta de la calle sin hacer ruido y se marchó. Yo bajé arrastrándome por las escaleras, para deslizarme de nuevo en la cocina y acurrucarme en el sofá mientras mamá seguía preparando la cena. No había echado en falta la llave.

Más tarde, papá, muy enfadado, preguntaría: "¿Qué le ha pasado a la puerta?", mirando al sitio que Tony había recortado. "¡Habrán sido los ratones!", respondió Tony, y se arrodilló para rezar sus oraciones.

4.
HENRY

CUANDO CUMPLÍ OCHO años, el viejo cochecito de niño seguía siendo mi "carroza", y yo iba en él de un lado para otro con aires de rey. El cochecito era tan feo y destartalado porque nadie se había preocupado de llevarlo con delicadeza. Siempre le estaban dando golpes, empujones y puntapiés. Todo el mundo se reía de él nada más verlo. Pero a mí me caía tan bien que lo consideraba casi un ser humano. Parecía tener una especie de singular dignidad que nadie, excepto yo, era capaz de apreciar. Hasta llegué a ponerle por nombre Henry. Sentado en él, contemplé por primera vez la vida de puertas afuera. Aún recuerdo el viento mojado sobre mi cara aquel día en que los chicos me arrastraron con él, a través de calles atestadas de gente. Y también me acuerdo de haber estado en él todo el tiempo que mis hermanos jugaban a las cartas con sus amigos a la luz de una farola en una oscura noche de invierno, mientras corría el agua de la lluvia por los canalones y la luz de la farola se reflejaba sobre ellos, de un modo tal que los asemejaba a riachuelos dorados brillando en la oscuridad.

El viejo Henry llegó a ser mi trono. En él aprendí a saborear aventuras y emociones. Mis amigos me llevaban con ellos a todas partes, incluso al cine los fines de semana. Allí me instalaba sobre la espalda de Jim, mi hermano mayor. Los otros muchachos me miraban, y Jim les decía que se largaran, pero no se me ocurría pensar que pudiera estar en otro sitio distinto de la espalda de mi hermano. Desde que tenía uso de razón siempre había ido sobre la espalda de alguien, pero no sabía bien por qué.

Me encantaba el cine, y aquel modo de apagarse las luces, cuando la oscuridad lo envolvía todo, antes de que un delgado halo de luz se proyectara sobre nuestras cabezas y envolviera la pantalla grande, transformándola ante nuestra mirada en algo vivo y deslumbrante. Luego, en medio de un profundo silencio, empezaba la película.

Un día que fuimos al cine, Peter y algunos amigos intentaron enseñarme a fumar. Antes ellos mismos habían hecho experimentos con un paquete de cigarrillos, que Peter había birlado previamente del bolsillo de papá. Mas, en cuanto me pusieron el cigarrillo en la boca, automáticamente empecé a masticarlo, y me lo comí antes de que tuvieran tiempo de encenderlo. Peter me miró horrorizado, esperando que me pusiera muy pálido o que empezara a vomitar. Pero me limité a sonreír y a abrir todavía más la boca. ¡Claro que él no me dio nunca ninguno más!

Y llegó el verano. Las diminutas hileras de "nomeolvides" crecieron junto a la pared de nuestro jardín, con sus flores blancas y azules de manchitas rojas semejantes a estrellas. El enorme árbol del jardín de nuestros vecinos estaba cubierto de hojas de un verde muy claro, y el musgo adherido a su corteza se veía húmedo y brillante, con pequeñas gotas de rocío que centelleaban al sol. Afuera, en las calles, se formaban enjambres de moscas, que zumbaban sobre los cubos de basura, y rozaban las cabezas de los perros que dormían junto a las puertas o se acurrucaban en el césped. Entonces hacía demasiado calor para ir al cine, pues allí se sudaba bastante. Así pues, mis hermanos le daban un fregado al viejo Henry y me llevaban a pasear por las afueras de Dublin, o a veces, los domingos, íbamos a Phoenix Park, donde nos pasábamos el día tendidos en la hierba. Desde allí pasábamos a Donelly's Hollow y encendíamos fuego para preparar el té, en un viejo y oxidado recipiente, mientras devorábamos unos bocadillos y contábamos historias ideadas por nuestra imaginación, hasta que se hacía de noche y era el momento de volver a casa. En aquellos paseos nos lo pasábamos estupendamente. Algunas veces los transeúntes se paraban a ver cómo mis hermanos me llevaban en el cochecito, pero eso no me preocupaba entonces demasiado, ya que no tenía ni idea de por qué me estaban mirando.

Quizás tuviera ideas poco definidas en los entresijos de mi cerebro sobre lo que había de extraño en mí, lo que hacía que la gente me mirara con curiosidad. Eso me resultaba un terreno desconocido, y hasta me daba miedo, por lo que intentaba no pensar en ello. Yo solo aspiraba a ser feliz. Y mis hermanos se aseguraban de que lo fuera.

Cuando tenía ocho años y medio, hicimos una excursión al campo, un tanto lejos de Dublin. Salimos a eso de las diez de una radiante y calurosa mañana, un domingo de septiembre. A Henry lo engrasaron y

abrillantaron la noche anterior, y por eso aquella mañana crujía un poco menos que de costumbre. Peter sacó
los libros de su cartera para llenarla de sandwiches y de
una botella de salsa. Mis hermanos pusieron también
dos botellas de leche en el cochecito, que me golpeaban
cada vez que este iba dando saltos. Salimos un total de
cinco personas, dos de mis hermanos, dos amigos y yo.
Nos pusimos la ropa de los domingos, y Peter se acicaló
la cabeza con un frasco de brillantina que le había birlado a Tony. —Ahora me parezco a Clark Gable, ¿o no es
así? —dijo, mirándose ante el espejo lleno de polvo que
colgaba de la pared de nuestra cama.

Todavía estaba hablando cuando se oyeron pasos
por las escaleras, y oímos a Tony murmurar algo mientras se acercaba.

—¡Estoy perdido! —gimió Peter, ocultándose debajo
de la cama. La puerta se abrió, y apareció Tony.

—¿Habéis visto a Peter? —preguntó, mientras pasea-
ba su mirada furiosa por la habitación.

—Se fue a misa —respondió Paddy con mucha tranquilidad, mientras se hacía el nudo de la corbata.

—¡Otra vez me ha quitado la brillantina! —gruñó
Tony, y bajó otra vez las escaleras, con mucha irritación.

—¿Ya se ha ido? —preguntó Peter sigilosamente, saliendo de debajo de la cama.

—Sí, pero te matará si te pilla —le advirtió Paddy.

—Tenéis todo lleno de polvo ahí abajo —dijo Peter,
cepillándose tras levantarse.

Por fin pudimos salir, y horas después acampába-
mos a orillas de un riachuelo de la montaña. Me senté.
Estaba un tanto fascinado al contemplar la superficie
del agua, en la que se reflejaban los rayos del sol, y veía
a los pececillos pasar fugazmente, como sombras sobre

el musgo del lecho del río. Algunos de aquellos peces plateados se dirigían hacia el sesgado entrante de una roca. Inmediatamente me quité una sandalia e introduje el pie izquierdo en el agua, creyendo ingenuamente que podría atrapar alguno de ellos con los dedos. Pero yo desconocía las costumbres de los peces, y estos se precipitaron en una ráfaga de líneas y ondas hasta la otra orilla, lejos del alcance de mi pie.

Aquel día nos lo pasamos muy bien. Paddy llegó a hacerse amigo de una vaca que estaba en un prado cercano, un enorme animal pardo, de ojos somnolientos y con una enorme cola, que se enroscaba con facilidad entre sus patas traseras, como si fuera un lazo.

—¡Voy a ordeñarla! —nos dijo, y todos nos reímos de él.

Pero Paddy supo engatusar a la vaca con una serie de arrumacos que le susurró al oído. Por último, logró que la vaca siguiera en pie, mientras él se sentaba debajo de un árbol y colocaba al lado un recipiente. Nos dirigió una sonrisa que decía: "Ahora veréis".

Y ya creo que lo vimos, porque, en el momento en que alcanzó a poner la mano en la ubre de la vaca, esta le dio una rabiosa coz con una de sus patas traseras, derribándole de espaldas. Luego se alejó muy despacio, sin dejar de menear la cola.

—Después de todo, se trataba de una dama —dijo Paddy. Y todos nos pusimos a reír a carcajadas.

Al caer la tarde iniciamos el regreso, pero cuando estábamos a mitad de camino nos entró hambre. Nuestras provisiones se habían consumido dos horas antes, y solo nos quedaban las dos botellas de leche vacías. Anochecía y teníamos aún un largo camino por delante. Yo no es que me encontrara muy mal, pero sí que estaba hambriento, si bien no tenía que caminar como los demás. Después de todo, iba cómodamente sentado, mientras ellos se turnaban para empujarme.

—¡Me voy a morir de hambre! —se quejó Peter, encogiendo los hombros.

—Yo también. ¿Quieres callarte? —le replicó Paddy con un gruñido, mientras caminaba a grandes zancadas.

Estábamos a punto de desfallecer cuando de repente, al llegar a un recodo del camino, apareció ante nuestra vista una gran casa de campo, con puertas de hierro forjado y muros de hormigón. Toda la fachada estaba rodeada de árboles frutales, cuyas ramas sobresalían por encima de las tapias, mostrando toda clase de frutos apetitosos. Nos detuvimos frente a ella.

La primera de nuestras miradas se dirigió hacia los árboles; luego nos miramos unos a otros.

—Tengo hambre —dijo Peter por segunda vez, clavando los ojos en las peras y las manzanas.

—Yo también —dijo uno de nuestros compañeros, tapándose la boca con la palma de la mano.

—Y yo —añadió otro, acusando la sensibilidad de su estómago.

Peter miró con cautela a su alrededor:

—No hay nadie. Si acercáis el cochecito hasta la tapia, me subo encima...

Todos estábamos de acuerdo con el plan, salvo Paddy, que, como era el mayor, intentaba mantener cierta apariencia de dignidad, aunque sin excesivo entusiasmo. Los demás estaban atentos a lo que iba a decir.

—¿Y bien? —preguntó Peter con impaciencia, pues Paddy no pronunciaba palabra—. ¿Qué hacemos?

Mi hermano mayor arrastró los pies lentamente, carraspeó y dijo, con una expresión solemne:

—El séptimo: no hurtarás.

—¡Marica! —chillaron los otros tres, precipitándose hacia la tapia.

Uno de ellos se inclinó hacia atrás con las piernas tiesas, mientras Peter se encaramaba sobre sus hombros. Alcanzó algunas frutas y se las arrojó a un tercero, que se había situado detrás, utilizando su abrigo a modo de manta.

Tampoco Paddy pudo quedarse parado por más tiempo. Puso mi cochecito contra la tapia, y trepó de tal modo que solamente con su brazo podía tocar las manzanas y las peras.

—¡Ya está bien, no os lo llevéis todo! —gritó Paddy, mientras los demás se hacían con un buen puñado de fruta.

Bajaron, seleccionaron la fruta entre los cinco, y nos sentamos a un lado del camino para comérnosla.

—Nos arreglaremos con esto hasta que lleguemos a casa —dijo Peter, dándome de comer una pera.

—Tendremos que confesarnos de esto —replicó Paddy, adoptando algo así como una expresión devota.

—En realidad no es pecado —repuso Peter, sin dejar de masticar su pera—. Nadie las echará en falta.

—¡Alguien viene! —dijo nuestro amigo Bob, moviendo la cabeza hacia los lados, como si fuera un perro.

Peter nos guiñó un ojo y se arrastró muy despacio, para echar un vistazo rápido. Al poco regresó, casi sin aliento.

—¡Imbéciles! ¡Es un poli! —dijo, jadeando.

Paddy se puso muy pálido. Parecía incapaz de moverse:

—¿Qué os pasa? —dijo un tanto indeciso.

—¡Corre! —gritó Bob, pegando un salto.

—¡No podemos dejar a Christy aquí!

Peter se detuvo cuando los pasos se oían cada vez más cerca. Entonces tuvo una idea: ¡Rápido! —dijo, volviéndose hacia los demás—. Ponedlo todo debajo del cojín del coche de Christy.

No era el momento de hacer preguntas. En cuestión de segundos recogieron toda la fruta, y casi me tiran del cochecito para colocarla en el fondo, debajo del cojín. Luego me pusieron encima. Apareció el policía, y, al vernos, se encaminó lentamente hacia nosotros.

—Buenas tardes, muchachos —dijo con una sonrisa, mientras me acariciaba la cabeza—. ¿No os parece que ya es un poco tarde? Son casi las ocho.

Mis cuatro acompañantes intentaron mantener la calma, pero no podían ocultar un nerviosismo que les hacía sentirse tan agobiados como una gallina clueca.

—Llevaos a vuestro hermano a casa, chicos —añadió amablemente el policía—. ¡No os entretengáis más! ¡Hasta luego!

Y se marchó, poco a poco, por donde nosotros habíamos venido. Aguardaron hasta que el policía estuvo fuera de nuestro alcance para sacar las manzanas y las peras. Pero ya no les resultaba agradable contemplarlas.

—Tíralas —refunfuñó Paddy nada más verlas—. A Dios no le gusta que seamos ladrones.

Así, con expresión triste, se deshicieron de aquel pegajoso montón de fruta arrojándolo por encima de la tapia, y continuamos nuestro camino a casa. Llegamos a eso de las diez de la noche, con una gran sensación de vacío en el estómago.

—¿Os lo habéis pasado bien? —nos preguntó mamá al vernos aparecer por la puerta.

Peter se quedó mirando a Paddy, este a Peter, y los dos me miraron por fin a mí.

—Sí —dijo Peter.

Y en eso quedó toda la historia.

Al día siguiente ya estábamos de mejor ánimo. Tony y Jim decidieron que les acompañara a nadar en un canal, no lejos de casa. Hacía un tiempo cálido y bochornoso. Apenas se veía la luz del sol; únicamente una pesada y agobiante atmósfera, que convertía el aire en algo casi sólido y tangible, cerniéndose sobre nosotros.

Al llegar al canal, nos encontramos con muchos otros niños; unos se bañaban, otros —chicas en su mayoría— chapoteaban en la orilla, luciendo sus faldas y delantales por encima de la rodilla, mientras bastantes más estaban tumbados en el césped de la orilla, secándose, sin dejar por ello de tirarse piedrecitas unos a otros. Las risas y chillidos de los que chapoteaban en el agua lo salpicaban todo. Y un nutrido grupo de espectadores se agolpaba sobre un puente.

Mis dos hermanos me colocaron en un punto desde el que podía verlo todo con claridad. A continuación, tras quitarse la ropa debajo del puente, se pusieron los trajes de baño y se lanzaron al agua. Yo me limité a mirar y a sentir el pegajoso bochorno, en medio de aquel alboroto. Me daban un poco de envidia. Tenía ganas de quitarme la ropa y arrojarme al agua tal y como habían hecho mis hermanos. De repente, experimenté la misma sensación del día en que escribiera por primera vez la letra A: una singular impaciencia, una determinación inconsciente de hacer lo que hacían los demás, de sentir lo que ellos eran capaces de sentir y de llegar a conocer lo que ellos conocían. Lo que estaba buscando era algo más que el mero hecho de tirarme al agua.

Poco después, Tony volvió a la orilla, con el torso reluciente y los cabellos mojados. Lancé un chillido, y él se llegó hasta mí.

En mi peculiar lenguaje, a base gruñidos, le dije que quería bañarme.

—¿Me estás tomando el pelo? —dijo riéndose.

Pero yo insistí.

—Pero si te vas a ahogar—replicó.

Tony no supo decir nada que me hiciera desistir de lanzarme al agua, de dejar de ser alguien que siempre tenía deseos de nuevas sensaciones.

—¡Vale! ¡De acuerdo! —me dijo.

Pero en cuanto Jim se enteró, no quiso prestarse a ayudarnos. Ni tampoco ayudó a Tony a desvestirme para ponerme un traje de baño.

—¡Dame el tuyo! —le dijo Tony—. Chris no puede tirarse así.

Tony me llevó detrás de unos arbustos, un lugar más tranquilo, y allí me desnudó. Como Jim era muy corpulento, su traje de baño me resultaba demasiado grande. Tony tuvo que envolverme en él varias veces y sujetármelo a la espalda, y poco menos que me lo encajó. Una vez preparado, volví a la orilla. Allí Tony se detuvo y me pregunto:

—¿Todavía quieres tirarte al agua? ¿No tienes miedo de hundirte y quedarte ahí abajo?

Hice un gesto negativo con la cabeza. Quizás tuviera un poco de miedo, pero lo cierto es que estaba decidido a seguir, y era demasiado testarudo para abandonar. El pobre Jim, en cambio, estaba a mi lado de pie, temblando.

—No lo hagas, lo vas a matar —dijo, pero no le prestamos ninguna atención.

Tony arrancó una rama de árbol, la metió en el agua y la agitó sobre mi cabeza, al tiempo que rezaba un padrenuestro. Después, me cogió en brazos, me levantó suavemente y me empujó al agua. Empecé a jadear al sentir el agua fría y helada. Mi cabeza se llenó de confusión, todas las imágenes se desvanecían ante mí en un contorno acuoso. Permanecí dentro del agua apenas un segundo, me levanté, y me volví a meter para enseguida volverme a levantar, aunque la tercera vez creía que me iba directo al fondo. Mas eso no sucedió. Por el contrario, estuve dando golpes enérgicos con el pie, y lo siguiente que advertí fue que flotaba como cualquiera de los cisnes blancos del otro lado del río. Seguí golpeando con el pie, cada vez con más fuerza, hasta que conseguí mantenerme a flote. Oí unas risas en la orilla, e instantes después Tony estaba nadando junto a mí. Me tomó del brazo y me condujo a un lugar seguro, y Jim le ayudó a arrastrarme. Me encontraba sin resuello, pero me sentía victorioso.

—Tú le darías una buena paliza al mismísimo Cristóbal Colón —me dijo Tony, mientras se arrodillaba para secarme.

Aquel fue mi primer baño, pero no el último. Me bañé muchas otras veces, en un pequeño riachuelo rocoso que un verano habíamos descubierto en el bosque. Allí me tendía junto a la orilla, mientras los demás nadaban o recogían moras. Algunas veces me quedaba dormido. Me sentía feliz y estaba pendiente de todo lo que me rodeaba, excepto de mí mismo.

Hasta que un día mi cochecito se averió, se rompió el eje, y el asiento acabó por hundirse. Nadie pudo hacer nada para arreglarlo. Su destino era acabar oxidándose en la carbonera.

Sin él me sentía como desamparado. Mis hermanos ya no podían llevarme con ellos a jugar. Mamá hablaba de comprarme un coche nuevo cuando papá volviera a tener trabajo, pero yo apenas podía oírla; me encontraba muy abatido.

Pero ya no solo era el hecho de que echase de menos el viejo cochecito. Lo que me importaba, en realidad, era que ya no podía salir con mis hermanos. Todo cambió para mí. Lo cierto es que me encerré en mí mismo. Aquel pensamiento de que algo malo me estaba sucediendo, y que otras veces se había apoderado de mi mente, no cesaba de crecer.

Días después estaba yo sentado en la parte delantera del jardín, jugando con mis hermanos con soldaditos de plomo, cuando llegaron algunos de nuestros amigos, con cañas de pescar y grandes tarros de mermelada. Y nos propusieron irnos todos a pescar. Como hacía buen tiempo, a nadie le apetecía quedarse en casa. Inmediatamente, mis hermanos se precipitaron por sus cañas de pescar y sus aparejos, y Peter apostó que sería capaz de atrapar hasta veinte pececillos antes de que anocheciera.

Ya estaban en la puerta y dispuestos a irse, cuando Tony, que se había olvidado de algo, volvió atrás con uno de sus amigos. Ya se marchaba otra vez, cuando lo miré con una expresión que pretendía ser una llamada silenciosa. Él se detuvo. Era la primera vez que se iba a alguna parte sin mí.

—¡Lo siento, Chris! —me dijo sin tan siquiera mirarme—. A la vuelta, te traeré un montón de peces.

Y salió disparado.

—Me da lástima—empezó a decir su compañero.

Entonces, Tony le dio tal empujón que le hizo caer al suelo. Pero luego corrieron a unirse al resto del grupo. Y yo me quedé solo en el jardín, contemplando mis manos que no paraban de retorcerse.

5.
KATRIONA DELAHUNT

TODO MI MUNDO parecía venirse abajo. La vida misma me resultaba amarga. Y ya nada era como antes.

Ahora, en raras ocasiones me sentía feliz. Sentado junto a la ventana de la cocina, observaba fijamente a mis hermanos y a sus amigos jugar al fútbol en la calle, y cómo Peter no dejaba de meter goles. De vez en cuando, me sonreían y me saludaban con la mano. Yo intentaba responder a su saludo, pero cuando quería hacerlo levantando el brazo, mi cuerpo se desplazaba hacia un lado, y acababa golpeándome contra el marco de la ventana. Mi reacción era tirarme al sofá y cubrirme el rostro con las manos.

Pese a que ya había cumplido los diez años, era un chico que apenas podía hacer nada por sí mismo. Ya fuera andar, hablar, alimentarse o vestirse. Era alguien completamente indefenso, mas solo ahora empezaba a ser consciente de mi situación de desamparo. ¿Qué sabía acerca de mí mismo? Nada, salvo que era diferente de los demás. Pero me sentía incapaz de comprender qué era lo que me hacía diferente. Lo único cierto es que no podía correr, jugar al fútbol o trepar a los árboles, como hacía el resto de los chicos.

Y lo peor es que me sentía incapaz de resolver el problema. Ni tan siquiera podía pensar en él con la suficiente claridad. Solo lograba sentirlo, sentirlo dentro de mí, como una aguja muy fina y puntiaguda que traspasara todos los sueños y fantasías de mi mente infantil hasta echarlos abajo. Ya no podía ocultar la escueta realidad de que yo era un disminuido.

Hasta entonces yo no había sido el centro de mis propios pensamientos. Ciertamente, en alguna ocasión, había tenido el vago presentimiento de que no era como los demás. Era algo que iba y venía agitándose en mi cerebro. Mas yo parecía haber olvidado que hasta los mejores cuadros tienen sombras. Atrás quedaban los buenos ratos pasados en compañía de mis hermanos, apurando hasta el más breve momento de la existencia, pero entonces todavía no era consciente de mi situación.

Ahora todo era distinto. Mi visión del mundo ya no era la de un muchacho con ganas de divertirse y afán de conocer, sino la de un disminuido que acababa de descubrir su condición de tal.

No paraba de contemplar las manos de Peter. Eran unas manos uniformes, de dedos resistentes y parejos, capaces de empuñar con fuerza cualquier herramienta, colgarse con facilidad de lo alto de un árbol. Después observaba las mías. Eran de lo más extraño, enroscadas, con los dedos retorcidos, incapaces de estarse nunca quietas. Se agitaban tanto que más parecían un par de serpientes que las manos de un ser humano.

Empecé a cobrar odio a muchas cosas de mi cuerpo: mis manos, mi cabeza tambaleante, mi boca desproporcionada... Muy pronto llegué a detestar a los espejos, e incluso a tenerles miedo. No podía soportarlos. Me daban a conocer lo que los otros veían en mí, sobre todo que, al abrir la boca, se me desplazaba hacia un lado, dándome un aspecto entre horrible y estúpido. Si intentaba hablar, era incapaz de articular palabras inteligibles y la saliva me resbalaba por la barbilla. Si hacía un esfuerzo por sonreír, solo me salía una mueca y se me arrugaban tanto los ojos que todo mi rostro cobraba el aspecto de una horrenda máscara.

No había nada que no me produjese miedo, y antes nunca había sentido esa impresión. Porque, cuando me miraba al espejo, no sabía por qué lo hacía, y no encontraba nada de particular en ese acto. Pero ahora, si me ponía a mirarme, no veía más que una cara grotesca, que parecía estar burlándose de mí. Un día, entre grandes llantos, me subí encima de la cama y, con la ayuda del pie izquierdo, descolgué un pequeño espejo colocado en la pared. Y lo arrojé contra el suelo, rompiéndolo en mil pedazos.

Al oír el estrépito, mamá subió las escaleras para averiguar qué había sucedido. Yo me limité a señalar con el pie los cristales rotos, esparcidos por el suelo y brillantes como piedras preciosas a causa de las ráfagas de luz que se descolgaban entre las cortinas de la ventana.

—¿Sabes qué significa esto? Por lo menos siete años de mala suerte —me dijo, con una amplia sonrisa, e inmediatamente se puso a barrer los cristales rotos.

Pocas semanas después, mamá me consiguió un cochecito nuevo, toda una auténtica silla de ruedas con su asiento almohadillado y llantas de goma. "Ahora podrás salir otra vez a la calle", me anunció, con una expresión de felicidad. Pero yo permanecí en silencio.

Al día siguiente, mis hermanos, que estaban ansiosos por lucir por la calle mi nueva "carroza", me sacaron a pasear una vez más. Todos nuestros amigos se agolpaban a mi alrededor, en espera de que les tocase el turno de llevar el coche.

—¿Por qué no le ponéis al coche de nombre Mike? —sugirió uno de los presentes, mientras acariciaba con la mano uno de los brazos negros del cochecito. —¡No! —replicó Peter con cierto énfasis—. Lo llamaremos Sylvester.

Ese mismo día les acompañé al partido de fútbol que solían jugar. Era como en tiempos pasados, toda la pandilla estaba junto a mí, gastando bromas y haciendo planes para aquella noche. Pero mis sentimientos ya no eran los mismos, no sabría cómo explicarlo; lo cierto es que algo se había escapado de mí, de mi entera existencia. Ya no era capaz de reírme con ellos al mismo tiempo, como de costumbre. No dejaba de observarlos fijamente, por si advertían algo de particular en mí. Además me tapé la cara para que la gente que pasara no pudiera verme. Pero era inútil, porque la gente acabaría mirando mi cara y mis manos, para luego hacer un ademán con la cabeza al tiempo que se alejaban.

Las miradas de los transeúntes se clavaban muy dentro de mí. Mis hermanos pensaban que no me daba cuenta, pero lo cierto es que era bastante consciente. En el transcurso de unas pocas semanas, desde que se estropeara mi antiguo cochecito, mi espíritu sufrió una transformación semejante a la de mi cuerpo deforme. Me volví una persona hipersensible, y muy aprensivo hacia todos aquellos que no conocía.

Permanecía completamente mudo observando los juegos de mis hermanos y amigos. Ya ni siquiera utilizaba los gruñidos para comunicarme con ellos. Sus juegos tampoco me producían ninguna satisfacción. Había pasado a ser un simple espectador en vez de ser uno más de los participantes.

Después de aquel día ya nunca más quise salir a la calle, salvo una o dos veces al año, e, incluso entonces, solo deseaba que me llevaran a sitios tranquilos, donde no hubiera ni personas ni edificios. A mis hermanos se les hacía difícil comprender por qué me obstinaba en permanecer en casa. Una y otra vez me invitaban a salir con ellos, y a divertirme como antes, pero yo me limitaba a menear la cabeza esbozando una sonrisa. Ellos terminaban por encogerse de hombros y marcharse.

Mamá se dio cuenta del cambio que estaba experimentando, y estaba segura de conocer la causa, pero no me dijo nada. La verdad es que ella me entendía mejor que nadie. Yo no deseaba engañarla, porque siempre encontraba un modo u otro de averiguar si me sentía triste o contento. Parecía tener los mismos sentimientos que yo. Había advertido que casi siempre estaba triste, con grandes cambios de humor y cada vez más encerrado en mí mismo. Ni siquiera tenía ya ganas de arrastrarme por el suelo como antes, sino que me limitaba a tumbarme en el sillón más ancho que encontrara, con la mirada perdida en la chimenea o en la pared.

Mi madre se esforzaría por cambiar esta situación, desde el momento en que se dio cuenta del peligro que suponía que me mantuviera en mi soledad. Para evitarlo inventó algunos pasatiempos para mí, como copiar historietas de los periódicos con un lápiz que yo tenía que sujetar con el pie izquierdo. Ella echaba un vistazo de vez en cuando para ver si lo hacía correctamente. Pero mi manera de escribir era desastrosa. Hacía unas mayúsculas descomunales, a modo de garabatos, que casi se salían de la página. No ponía ni puntos ni comas entre las palabras, y, por supuesto, ningún signo de interrogación, de admiración o de algo que se les pareciera.

Pero, aunque esta tarea me distraía un poco, no conseguía alejar los sentimientos de frustración que estaban anidando en mi interior. De todas formas, escribir, o, mejor dicho, copiar, me resultaba útil; pues me ayudaba a aficionarme a la lectura. Mas eso no era suficiente. Yo buscaba algo más, algo que me permitiera sacar al exterior parte de aquella energía, parte de aquella tensión nerviosa que llevaba dentro de mí. Pronto estuve cansado de copiar lo que otros habían escrito, y decidí buscar otras formas de expresión.

Ya tenía diez años y medio y, sin embargo, cada vez me iba encerrando más en mí mismo. Mamá no dejaba de intentarlo, pero no había nada que pudiera levantarme el ánimo, nada que hiciera volver a la vida al niño feliz de tiempos pasados. Ese niño había muerto. Y, en su lugar, había surgido un infeliz de grandes ojos, siempre silencioso, y en continua tensión, con los nervios a flor de piel.

Pero una Navidad, a uno de nosotros —creo que fue a Paddy— Santa Claus le trajo una caja de pinturas. Ese mismo año me había traído a mí otra de soldaditos, pero, desde el momento en que contemplé las pinturas de Paddy, con toda su gama de colores y sus pinceles muy finos y alargados, me enamoré de ellas. Solo deseaba tener otras iguales. Quedé fascinado por aquella pequeña colección de pinturas en azul, rojo, amarillo, verde y blanco. Poco después, me senté a ver cómo Paddy intentaba pintar algo en una vieja caja de zapatos, pero lo único que consiguió fue una extraña y confusa masa de colores. Eso me irritó, pero, en el fondo, era porque me daba envidia.

—¡Maldita sea! ¡No sé hacer nada con esto! —gruñó Paddy, arrojando al suelo su pincel—. Esto es solo para niñas.

Aquí vi mi oportunidad. Tras pasarle con el pie mi caja de soldaditos, le pregunté con mi lenguaje si quería cambiarla por sus pinturas.

—¡De acuerdo! —exclamó Paddy, satisfecho de deshacerse de una vez por todas de aquel juguete de afeminados—. ¿Pero cómo vas a utilizarlas?

Ni yo mismo sabía cómo; así que me limité a levantar el pie izquierdo y sonreírle. Mas no hice nada hasta que no pasaron los ajetreos de la Navidad. Una tarde mucho más tranquila, aprovechando que no había nadie en la cocina, salvo mamá y yo, me arrastré para coger la cajita de pinturas, y la coloqué junto a mí en el suelo.

—¿Qué vas a hacer? —me dijo mamá, acercándose a donde yo estaba, sentado con la espalda apoyada contra la pared—. ¿No estarás intentando pintar?

Moví la cabeza con expresión muy seria, y luego tomé el pincel entre los dedos del pie, y lo humedecí con la boca, para después restregarlo sobre uno de los botes que contenían las pinturas. Era aquel azul brillante que tanto me había gustado desde el principio. A continuación restregué el pincel contra mi otro pie hasta obtener una mancha de color azul.

—¡Funciona! —fue la palabra que intenté pronunciar, y una intensa emoción envolvió mi rostro.

—Te traeré agua —dijo mamá, para volver luego con una taza que puso a mi lado, en el suelo.

Como yo no tenía papel, mamá me dio uno, arrancado del cuaderno de matemáticas de Peter. Mojé el pincel en agua, y lo restregué en un color rojo intenso. Después, bajo la atenta mirada de mamá, pinté con el pie el perfil de una cruz.

Di una especie de gruñido de triunfo dirigido a mamá. En ese momento me acordé de cómo, cinco años antes, los dos estábamos sentados en el suelo, casi en el mismo sitio, y yo sudaba para escribir, por primera vez, con el pie izquierdo. Mamá estuvo entonces a mi lado, y ahora también lo estaba, dándome ánimos.

Mas esta vez no hubo sudores. Lo hice de la manera más sosegada y con el pincel, no con un pedazo de tiza. Pero estas dos acciones significaban lo mismo: el descubrimiento de una nueva manera de comunicarme con el mundo exterior, una nueva forma de habla con mi pie izquierdo.

Con el paso del tiempo, me fui aficionando cada vez más y más a pintar. Pintaba toda clase de cosas extravagantes, desde una caricatura de Peter —que, por cierto, le hizo enfadarse mucho— a un puñado de peces que fueron a parar al cubo de la basura, antes de que Tibby, el gato del vecino, diera cuenta de ellos.

Más tarde, mamá me compró más pinturas y pinceles, así como uno o dos métodos de dibujo y un lápiz. Esto, evidentemente, amplió mi capacidad de expresión y me permitió seleccionar mejor los temas. Tras unas primeras semanas de vacilaciones y torpezas, estaba ya muy satisfecho de mi nuevo entretenimiento. Y me subía a pintar en el cuarto trastero, completamente solo.

De esta manera empecé a cambiar. Entonces no lo sabía, pero había hallado un modo de volver a ser feliz y olvidar todo lo que me había hecho desgraciado. En una palabra, aprendí a olvidarme de mí mismo. Ya no echaba de menos salir a pasear con mis hermanos, porque tenía algo para mantenerme activo, una tarea que realizar todos los días, algo que aguardaba con impaciencia.

Durante horas y horas me sentaba en el suelo, con el pincel entre los dedos y la pierna derecha sobre la izquierda. Mis brazos estaban en tensión y mis puños cerrados. A mi alrededor se alineaban pinturas y pinceles. Pedía a mis padres que fijaran el papel en el suelo, con chinchetas, para facilitarme las cosas. Debía tener un aspecto un tanto extraño, con la cabeza casi en las rodillas y la espalda tan retorcida como un sacacorchos. Pero lo cierto es que hice mis mejores cuadros en esa posición, teniendo el suelo de madera como único caballete.

Poco a poco empezaron a desaparecer mis depresiones, y otra vez experimenté sentimientos de alegría al tiempo que pintaba. Estos sentimientos eran nuevos para mí, y casi consiguieron hacerme salir de mí mismo. Únicamente cuando no pintaba me sentía deprimido, y me enfadaba con todo el mundo. Al principio, mamá creía estar haciendo lo correcto al animarme a pintar, pues pensaba que así me quedaría menos tiempo para pensar en mis desgracias. Pero, conforme pasaban los días, empezó a preocuparse, porque me pasaba gran parte del tiempo solo. Me sentaba a pintar durante horas, en aquella habitación, al margen de todo, incluso de mí mismo. Mi madre subía con frecuencia las escaleras para ver si necesitaba algo, entrando casi de puntillas. Habitualmente me encontraba inclinado sobre una lámina y con el pincel entre los dedos. En ocasiones, ella me apartaba el pelo de los ojos y me limpiaba el sudor de la frente, porque, aunque yo podía utilizar el pie de la misma forma que Peter o Paddy usaban las manos, suponía un gran esfuerzo para el resto de mi cuerpo permanecer sentado en el suelo inclinado sobre una lámina durante casi todo el día. Y cuando mamá venía a verme, me limitaba a dar bruscos meneos de cabeza y a gruñir.

Un día, cuando estaba a punto de cumplir once años, mi madre se sintió indispuesta, y la internaron en el hospital de Rotunda, donde semanas después dio a luz al último de sus hijos. Era un niño. Había tenido un total de veintidós vástagos. Estuvo bastante enferma después de nacer mi hermanito, y en poco tiempo se puso peor. En mi familia pasábamos por terribles momentos de angustia. Desde que ella se fue, la casa parecía estar muerta. Era algo parecido a vaciar las piezas del interior de un reloj, dejando tan solo unas manecillas tan aparentes como inútiles. Hasta yo mismo dejé de pintar; no tenía interés por nada, porque pensaba que mamá se iba a morir.

Estaba acurrucado en el sofá, en una fría noche de diciembre, cuando alguien llamó a la puerta de la calle. Papá estaba sentado junto a la chimenea, con el periódico entre las manos, aunque su preocupación era demasiada como para concentrarse en algo. La primera vez no oyó la llamada, pero cuando esta se repitió, se levantó y acudió a abrir.

Oí voces en la entrada, pero no me molesté en escucharlas. Me encontraba demasiado preocupado, y un tanto acongojado, pensando en mi madre. Tenía hundida la cabeza en la parte del sofá más próxima a la pared cuando se abrió la puerta y oí que papá y alguien más entraban.

—Este es Christy —dijo papá.

Luego oí la voz de una muchacha, que decía: "¿Está dormido?".

Un tanto aturdido, busqué con los ojos a la recién llegada. La habitación estaba a oscuras, pero por la luz que venía de la calle me di cuenta de que mi visitante era una muchacha joven, de unos dieciocho años aproximadamente. Era alta y delgada, y muy bella, la chica más bella que había visto en mi vida.

—¡Hola! —me saludó, con una encantadora sonrisa—. Soy Miss Delahunt. Tu madre me ha hablado mucho de ti.

Quise decir algo, pero solo me salió el acostumbrado gruñido. La chica se limitó a sonreírme y se sentó en un extremo del sofá.

—Pensé que debía venir a conocerte —añadió—. ¿No te importa?

A modo de respuesta, sacudí la cabeza. Después me contó cómo había sabido de mi existencia. Me enteré de que era una estudiante que hacía prácticas de asistenta social en el hospital de Rotunda. Allí conoció a mi madre, y ella le contó que yo pintaba con el pie izquierdo, y ya por eso había querido conocerme. Pero también tenía otra razón para haber venido, y era que mamá estaba bastante preocupada por cómo se las estaban arreglando en casa sin ella, así que la chica se había decidido a venir para pedirme que le escribiera una pequeña nota a mamá.

—¿Me harás ese favor? —me preguntó.

No podía negarme. Papá me sujetó, sobre la mesa, y yo, con el lápiz entre los dedos del pie, escribí lo siguiente en el remite de un viejo sobre:

"Querida mamá. No te preocupes por nada. Aquí todo va bien. Tenemos mucha comida. Ponte buena muy pronto. Christy".

No iba añadir ningún beso al final, pero la chica me dijo que estaría bien que lo hiciera, aunque no tuviese muchas ganas, por lo que garabateé como un gran beso en un lado del sobre, y se lo entregué. Ella se marchó, pero me prometió volver otro día, y aquella noche me fui a la cama un tanto desconcertado.

Me llevé una gran sorpresa cuando volvió por segunda vez, ya que me trajo gran cantidad de pinturas, pinceles y métodos de dibujo, junto con la estupenda noticia de que mamá se encontraba ya mejor, y pronto volvería a casa,

Katriona Delahunt entró en mi vida en el momento en que yo más necesitaba a alguien como ella, alguien diferente, que me hiciera sentir la necesidad de ir más allá de mis pensamientos y actividades habituales, ayudándome a alcanzar un mayor equilibrio en mi interior. Además de mamá, aquella chica sería mi mejor fuente de inspiración durante los años y dificultades que aún me quedaban por pasar.

Pero está claro que, a los once años, yo ignoraba todo esto. Lo único que sabía es que, por fin, había encontrado a la chica de mis sueños.

6.
EL ARTISTA

FUE TODO UN acontecimiento encontrarme con la chica de mis sueños, y eso trajo consigo toda una serie de consecuencias. Yo era aún demasiado niño para darme cuenta de los sentimientos de mi corazón, pues en aquellos años mi interés se centraba más en el pie izquierdo que en cualquier otra parte de mí, incluyendo el corazón.

De todos modos, mis sentimientos debían ser más o menos los mismos de cualquier otro chico de mi edad que tuviera la más mínima chispa de imaginación. Cuando Miss Delahunt empezó a visitarme, me comportaba tímidamente, pero poco a poco me fui sintiendo más tranquilo, y aguardaba con impaciencia los días en que ella tenía anunciadas sus visitas. Me las arreglé para que, esos días, mamá me peinara con un peculiar cuidado, advirtiéndole que me hiciera toda clase de "ondas". Y en otras ocasiones, al igual que Peter, hacía que mamá me echara un poco de la brillantina de Tony.

Me era imposible hablar, pero me sentía tan a gusto cuando estaba con mi nueva amiga que esa dificultad no me parecía de gran importancia. Daba la impresión de que ambos tuviéramos un peculiar lenguaje, un modo particular de entendernos el uno al otro, sin necesidad de expresarlo abiertamente. Yo ignoraba entonces lo que era la telepatía, pero creo que este no es el término adecuado para describir mi forma de conversar con Miss Delahunt, en la que no tenía necesidad de emitir gruñidos.

Mi estado de ánimo se hizo más abierto. Ahora estaba en condiciones de comprender muchas más cosas acerca de mí mismo y de mi situación, y no porque alguien me las hubiera explicado, sino porque mis modos particulares de sentir, pensar y conocer habían evolucionado un poco más. Me conocía a mí mismo mejor que antes, porque había aprendido una forma de expresarme y de sacar a la luz todo lo que yacía en las cavidades de mi mente. Sin embargo, no sabía aún cómo iba a reaccionar a la luz de futuros acontecimientos.

Conforme aumentaba mi afición por la pintura, me sentía mucho más feliz y crecían mis sensaciones interiores de paz. Ya no trataba con aspereza a otras personas si me preguntaban algo o simplemente querían entablar conversación conmigo. Pintar se convirtió en una de mis grandes pasiones, la base principal de mi concentración. Vivía inmerso en todo lo que se relacionaba con pinturas y pinceles.

Pero la felicidad no me la proporcionaba únicamente el hecho de pintar; eso, en sí mismo, no habría sido suficiente. Yo pintaba no por darme una satisfacción, sino que mi satisfacción era un tanto diferente. Consistía en la sensación de ser útil, de pintar mis láminas para una persona, que se había transformado, ante mis ojos, en una especie de diosa. La adorada "chica de mis sueños" no solo se alegraba de recibir mis trabajos, sino que, además, los esperaba con impaciencia. Tenía el gancho suficiente como para hacer que me sintiera una persona útil y responsable. Pero todo lo que pintaba era más bien un desastre. Me salían horrendos paisajes a base de enormes manchas verdes y marrones, dispersas sobre el papel, y además conseguía un azul marino viscoso que teóricamente era para representar el cielo. Miss Delahunt, por el contrario, siempre hablaba de mis creaciones como si fueran obras maestras de la pintura, y gracias al ánimo que sabía infundirme conseguí pintar mucho mejor, y con mayor seguridad en mí mismo.

Hacía bastantes mezclas hasta obtener mis propios colores. Disponía las láminas en el suelo, y preparaba lápices y pinturas, todo ello con el pie izquierdo. Mi familia tenía ganas de ayudarme en estas tareas, pero yo no confiaba demasiado en ellos, ya que ninguno tenía la más mínima idea de cómo manejar un pincel. Así que, temiendo que pudieran estropear mi preciado material, prefería hacerlo yo solo.

Al principio acostumbraba a guardar mis pinturas en una vieja caja de cartón, que colocaba debajo de la cama. Pero papá me construyó una caja de madera, que consideraría mi "caja de herramientas".

Cierto día de diciembre, poco antes de Navidad, estaba yo hojeando con el pie el *Sunday Independent*, cuando vi un anuncio de un concurso de pintura para chicos de trece a dieciséis años. Yo apenas tenía doce, pero creí que, a pesar de todo, me dejarían participar. Era un domingo por la mañana, y todos mis hermanos se habían ido a misa. Mamá estaba en la cocina preparando unas coles para el almuerzo. Papá estaba sentado junto a la ventana, leyendo el periódico. Yo volví a mirar con más detenimiento el anuncio. Aparecía en él una reproducción en blanco y negro de una imagen que había que colorear, y que representaba una escena de baile entre Cenicienta y su príncipe azul, rodeados de otras parejas. Todos iban muy elegantes, los hombres con medias ajustadas y jubones, y las mujeres con faldas de vuelo. Sobre sus cabezas pendían enormes lámparas de araña.

Creí que sería un buen tema para una pintura, y estaba tan ilusionado que ya veía la lámina pintada y rebosante de color cada vez que miraba el anuncio. La estaba viendo tan clara como si ya la hubiera hecho.

Llamé a mamá para enseñarle lo del concurso.

—Inténtalo —me dijo.

Apreté los puños y refunfuñé algo, con lo que quería significar que yo no era lo bastante bueno como para presentarme.

—Eso es una tontería —replicó—. Tú no tienes por qué ser un genio, pero al menos inténtalo.

Y así lo hice. Pinté la lámina aquella misma tarde, y me salió mejor de lo que me figuraba. A la figura de Cenicienta le dediqué una especial atención. La dibujé como a una chica encantadora, de mejillas sonrosadas, bucles dorados y un magnífico vestido azul. Por debajo de él, asomaban elegantemente sus zapatillas blancas de cristal, como si fueran dos ratoncitos. Al príncipe le pinté un uniforme de color púrpura brillante y, para rematarlo con un toque artístico, lo salpiqué con manchitas amarillas, que se supone eran joyas. A los dos les pinté los ojos de azul, aunque también añadí un poco de verde en los del príncipe.

Al acabar el trabajo, me sentí muy satisfecho. Con todo, seguía pensando que no tenía ninguna posibilidad de ganar el concurso. Podía no presentarme, y no hacerle caso a mí madre, pero no podía negarme en absoluto a hacerlo si me lo pedía mi chica. Mamá habló a Miss Delahunt del concurso, y le enseñó mi lámina. La opinión de mi chica fue que por nada del mundo dejara de participar. Y para mí esto significaba poco menos que un ultimátum.

Volví sobre la lámina para retocarla un poco más, hasta que quedó a mi entero gusto. A continuación hice que mi madre la enviara por correo a la redacción del periódico.

Pero yo seguía convencido de que aquello había sido una pérdida de tiempo, y que lo mejor que podía hacer era olvidarme rápidamente. No tenía la más mínima esperanza de ganar, ni siquiera uno de los premios de consolación. Y aquella semana volví a mis tareas habituales con la pintura, aunque, al menos, estaba satisfecho de que toda mi tarea no había sido inútil si con ello había complacido a Miss Delahunt.

Pero el viernes siguiente por la mañana sonó el timbre en la puerta de mi casa. En ese momento, mamá estaba lavando en la cocina y acudió a abrir con las manos todavía cubiertas de jabón. Yo estaba pintando encima de una gran mesa redonda rodeado de mis pinturas y pinceles. Estaba también en la cocina, aunque habitualmente no acostumbraba a utilizar este lugar, pues prefería estar pintando a solas en la habitación. Pero esa mañana decidí probar a pintar allí.

Cuando mamá abrió la puerta, se encontró con un periodista y un fotógrafo del *Independent* que querían verme. Más tarde me enteré de que Miss Delahunt habló con los del periódico para decirles que una de las láminas la había pintado un chico con los pies. Pero ellos no se lo habían creído del todo, y venían a comprobarlo por medio de uno de sus reporteros.

Cuando entraron en la cocina, yo estaba dando los últimos toques a una isla del Pacífico con su lago azul, sus palmeras y sus playas de arena dorada. Los dos hombres se detuvieron ante mí, observándome con atención. Mamá se situó detrás. Yo me encontraba un tanto sorprendido, y continué, sin inmutarme, dando rápidas pinceladas.

—¡Es verdad! —exclamó uno de ellos, con gran asombro.

—No nos lo creíamos, Mrs. Brown, pero ahora...

Mamá se vio asediada por un montón de preguntas, y tuvo que contarles toda la historia de mi vida hasta entonces, pero después parecían más incrédulos que antes. Mientras tanto, yo no dejaba de pintar, tratando de aparentar calma en todo momento. Me hicieron una foto con el pincel entre los dedos y sentado en la mesa frente a un caballete. Aquel caballete me lo regaló un amigo unos meses antes. Ciertamente me resultaba útil, aunque yo prefería pintar en el suelo, y a decir verdad, puse allí el caballete en honor de la ocasión, para dar la típica imagen de artista, ya que era la primera fotografía que me hacían en mi vida.

El domingo siguiente, por la mañana, estaba cómodamente aposentado en mi cama, en compañía de Peter, en un estado todavía somnoliento, cuando de repente papá, subiendo por las escaleras, irrumpió en la habitación para hacer que me levantara inmediatamente.

—¡Mira, Christy! —me dijo, poniéndome delante un ejemplar del *Sunday Independent*—. ¿Lo ves? ¡Has ganado!

Era verdad. En páginas centrales aparecía la fotografía que me habían hecho el viernes. Allí se veía a un muchacho pantalón corto, con las piernas cruzadas y la mano retorcida hacia un lado, pero fuertemente apretada para dar la sensación de firmeza.

Bajamos a la cocina, donde toda mi familia estaba desayunando, y comentando, muy emocionados, mi éxito. Al entrar yo, todos dejaron de hablar al mismo tiempo. Mamá, dejando la tetera, se acercó hasta mi padre, que me llevaba en brazos.

—Nunca dejes de intentarlo, Chris —me dijo, y me dio un beso.

¿Y mi chica? Llegó a casa más tarde, puso mi mano entre las suyas, y me besó en la frente, diciéndome que estaba orgullosa de mí.

Mi pie izquierdo y yo lo habíamos vuelto a conseguir.

7.
UNA MIRADA DE COMPASIÓN

YA HABÍA CUMPLIDO trece años, pero todavía el joven artista que era no se había encontrado del todo a sí mismo, ni había llegado a conocer suficientemente sus propias capacidades. La pintura era entonces todo para mí. Pero también quería expresarme de otros modos más sutiles. Hacía todo lo posible por expresar todo lo que entraba por mis sentidos, pero no pocas cosas seguían estando atrapadas en la mente de mi cuerpo inútil, como un prisionero en su celda, asomado a un mundo que distaba mucho de haberse hecho realidad para mí.

Con mi espíritu podía ver mejor que con mis ojos. Durante horas, permanecía solo en mi habitación, sin pintar ni hacer otra cosa que estar sentado, y tratar de ahondar en mi universo particular, dejando de lado todos los aspectos de mi vida ordinaria. En aquellos momentos de ensueño me olvidaba de todo: de las voces estrepitosas provenientes de la cocina... de Peter intentando tocar una flauta, a la entrada de la puerta principal... del sonido de la música de jazz, que llegaba de la radio de abajo... de la estridente voz del trapero, que recorría las calles...

Todo se mezclaba y desvanecía en un ruido impreciso, y al poco tiempo dejaba de oírlo. Me limitaba a estar sentado allí, a pensar...

Por aquel entonces ni salía a la calle. Hacía tiempo que dejé de hacerlo, y tampoco jugaba en casa con mis hermanos. Al principio, les sorprendió, pero poco a poco tuvieron que hacerse a la idea de la nueva clase de relación que se originó entre ellos y yo. No es que fuera exactamente un extraño para mi familia, porque eso era imposible después de tantos años de convivencia; hay que decir que cada uno de nosotros era, por llamarlo así, una parte del otro. Pero ahora había llegado el momento de dedicarme solo a pensar en mí mismo. Hasta entonces yo vivía CON los demás, pero al mismo tiempo vivía AL MARGEN de ellos, apartado de todo lo que tenía importancia en sus vidas. Me había sentido hasta entonces feliz conmigo mismo, pero ignoraba aún lo lejos que estaba de llegar a ser una persona autosuficiente.

Estaba al margen de la vida corriente de un chico de mi edad, la vida de las calles y los callejones, pero advertí que mi espíritu se encontraba a años-luz de toda mi persona en plenitud y madurez. En mi horizonte, había descubierto otra "chica de mis sueños", que aunque no era tan bonita como la otra, por lo menos era de mi edad. Se llamaba Jenny. Vivía tan solo a unos números de distancia de mi casa. Era alegre y llena de vitalidad, y tenía un sinfín de bucles castaños, que resbalaban por su cara de elfo. Tenía los ojos verdes, y hacía pucheros con los labios. Lo malo de ella es que era demasiado coqueta; podía organizar una buena bronca entre los chicos de mi calle con solo poner en movimiento sus preciosos ojos. Todos estaban locos por ella y se organizaban frecuentes peleas al discutir quién se casaría con ella cuando fuera mayor.

Ya he dicho que yo no salía a ninguna parte, pero eso no me impedía ver a Jenny. Mi veneración por ella era a distancia, o sea, desde la ventana de mi habitación. Ello me llevó a descuidar la pintura, porque cada vez que oía la voz de Jenny desde la calle, me arrastraba hasta poder sentarme en la cama, cerca de la ventana, y mirarla fijamente mientras corría y brincaba con sus amigas, unas chicas a las que yo no conocía. Un día ella se dio cuenta de que la estaba observando. Me puse colorado, e hice ademán de retirarme, pero justo en ese instante me sonrió. Yo le devolví la sonrisa, y entonces ella me lanzó un beso. Apenas podía dar crédito a mis ojos, al ver lo que estaba haciendo; sin embargo, volvió a repetirlo, antes de marcharse corriendo calle abajo, con su vestido blanco ondeando al viento.

Aquella noche, tras arrancar una página de un viejo cuaderno, y sujetando con fuerza un lápiz entre los dedos del pie, escribí a Jenny una carta apasionada, encargando a uno de mis hermanos pequeños que se la entregara. Y le amenacé con el pie si no le daba la carta a Jenny en persona. En la carta le decía que era la chica más bonita de nuestra calle, y que, si me lo permitía, le haría muchos retratos.

Luego, en una apresurada postdata, le decía que la amaba "mucho, mucho...".

Me quedé esperando el regreso de mi hermano, con una mezcla de temor y emoción, sin poder imaginar cuál sería la respuesta de Jenny. Al cabo de hora y media regresó con una carta de ella oculta bajo el jersey.

La tomé y la leí con avidez, olvidándome por completo de la presencia de mi hermano, que me miraba con una expresión burlona, pues suponía que me había vuelto loco o algo parecido. Leí la carta de Jenny una y otra vez, en especial la parte donde decía que iría a verme al día siguiente, por la parte trasera del jardín de mi casa. Al leer esto el corazón me dio un vuelco, y una luz se encendió en mi interior. Pasado un rato, volví a la realidad. Mi hermano seguía aún con las manos en la espalda y la boca abierta, y con sus ojos azules fijos en mi expresión. Le dije que se largara, y salió corriendo de la habitación, como si fuera un conejo asustado. Luego me arrojé sobre la almohada de la cama, dando un suspiro, mientras el corazón me latía con fuerza. Al día siguiente acudí a la cita bien aseado y acicalado con la brillantina de Peter, que casi me chorreaba por la frente. Jenny y yo nos sentamos a ver mis láminas, y ella prorrumpía en expresiones de admiración cada vez que le mostraba alguna. Al principio me comporté de forma tímida y torpe, casi avergonzado de utilizar el pie en lugar de las manos. Pero o Jenny era una persona muy noble o no se inmutaba por nada, porque en ningún momento hizo ademanes de extrañeza, y me habló muy risueña de juegos y fiestas, como si yo fuera Peter o Paddy. Y eso me gustaba.

Jenny y yo nos hicimos grandes amigos. No nos decíamos nada, sino que nos limitábamos a intercambiar notas todas las semanas, y ella se escapaba a verme los sábados por la noche, trayéndome libros y revistas. Yo nunca los leía, pero los tenía en gran estima, guardándolos en el viejo armario de mi habitación, ya muy carcomido por la polilla.

En mi interior estaba bastante orgulloso de que yo, un disminuido, me hubiera hecho amigo de la chica más bonita y cotizada de la vecindad. Muchas veces le había oído decir a Peter, con cierto énfasis, que Jenny era "un melocotón", y que él estaría dispuesto a hacer cualquier cosa por ser su novio. Al oír esto me sentía muy orgulloso de mí mismo y bastante vanidoso, creyéndome incluso un donjuán, porque no fui yo el que fue por Jenny, sino que era ella la que había venido por mí.

Peter estaba muy celoso, y un sábado se acercó a Jenny y a mí cuando estábamos sentados en el jardín, con las cabezas muy próximas el uno al otro, aunque en realidad solo estábamos echando un vistazo a un viejo libro de cuentos que había traído Jenny. Al ver a Peter, yo me puse colorado, pero Jenny no se movió. Se limitó a levantar la cabeza, sonrió a mi hermano y continuó prestando atención al libro. Peter me lanzó una mirada asesina, y se volvió a casa dando un tremendo portazo.

Aquella tarde, antes de irse, Jenny se pasó bastante rato jugueteando distraídamente con el libro y frunciendo el entrecejo de vez en cuando, como siempre que le costaba decir algo. Pasado un rato, se levantó y, tras un instante de vacilación, se arrodilló en el césped, junto a mí, y me besó muy despacio, en la frente. Me aparté de ella, un tanto sorprendido y perplejo, porque hasta entonces nunca me había dado un beso.

Abrí la boca para intentar decir algo, pero en ese momento Jenny se levantó de un salto. Se ruborizó, se le llenaron los ojos de lágrimas y... sus zapatitos negros no dejaron de hacer ruido cuando salió corriendo en dirección a la calle. Después de aquello no apareció durante semanas, y no supe nada de ella, pese a que no dejaba de bombardearla con mis cartas. Mientras tanto,

Peter se tomó la molestia de desanimarme, contándome toda una serie de chistes malintencionados sobre Jenny, pero yo no le creí, ni siquiera cuando me dijo que ella cobraba un penique a cada chico por los besos que daba.

—Por eso yo quería interrumpiros —me dijo mi hermano con expresión triste, guardando las manos en el bolsillo.

Con frecuencia me agitaba por las noches en la cama pensando en Jenny y en la forma en que me había besado aquel día. La soledad y la melancolía se apoderaron de mí. Me preguntaba por qué no volvía, sin dejar de moverme en la oscuridad mientras Peter roncaba apaciblemente a mi lado.

Llegó la fecha en que cumplía catorce años, y entre las tarjetas de felicitación recibidas aquella mañana había una escrita por una mano conocida, la de Jenny, pero ella no quería volver a verme. La veía con bastante frecuencia jugando en la calle, desde la ventana de mi habitación, aunque ella procuraba apartar la vista de mi casa, y nunca miraba en esa dirección. Yo me pasaba horas y horas sentado junto a la ventana, esperando que se dignara mirarme, pero atardecía y caía la noche, y ya no podía ver otra cosa que el borroso blanco de su vestido correteando por la calle, en compañía de otras chicas, seguidas de un risueño grupo de muchachos.

Para aliviar mi desilusión, me pasaba los días enteros pintando cosas de lo más extravagantes, sin ninguna clase de orden ni concierto. Eran como visiones sacadas al azar de mi espíritu en ebullición, y que se precipitaban furiosamente sobre la lámina.

Abrumado por la tristeza, estaba un día sentado en el jardín, con la espalda apoyada contra una caja vacía, cuando oí unos pasos que se acercaban. Un tanto fatigosamente, me di la vuelta. ¡Era Jenny! Estaba de pie en la entrada, a tan solo unos metros de distancia. Su silueta infantil se dibujaba sobre la pared blanqueada, que brillaba con intensidad bajo el sol de junio, y su sombra se retorcía sobre la ardiente superficie de hormigón. Me estaba mirando, pero su mirada era una mirada de compasión.

Entonces supe, y también lo advertiría en otras ocasiones, qué amarga y pesada puede ser una mirada de compasión para alguien que, como yo, necesitaba mucho más que eso: la fortaleza que solo el cariño auténtico puede proporcionar al ser más débil.

Volví la cabeza para no cruzarme con su mirada, y Jenny, sin decir palabra, salió muy despacio, dejándome solo. Después de aquello, yo era una persona diferente. Durante unas pocas y maravillosas semanas había vivido el sueño de que era un chico de catorce años como los demás; había creído estar enamorado de la chica más bonita de la vecindad, pero fui lo suficientemente tonto y vanidoso para creerme que ella me iba a corresponder. Toda aquella ficción se había venido abajo, pero lo peor de todo fue darme cuenta de que había intentado persuadirme a mí mismo de que mi enfermedad no tenía importancia, que mis "peculiaridades" eran producto de mi timidez, y que nadie se fijaba en ellas. Me di cuenta de lo estúpido que había sido por haberme engañado a mí mismo de esa manera.

Con la emoción de conocer a Miss Delahunt, mi afición por la pintura y el ensueño que Jenny me había creado casi me había olvidado de mi situación. Llegué a creer, incluso, que no había ninguna diferencia con los demás, salvo en el espíritu. Me sentía muy a gusto en mis evasiones al mundo de los sueños, a un paraíso imposible. Era una gran satisfacción para mí cerrar los ojos a todo lo desagradable relacionado con mi cuerpo, aunque tan solo hubiera sido por unas pocas semanas. Por ello, la vuelta a la realidad me resultó bastante amarga y violenta.

También cambió mi existencia en casa. Tuve la impresión de que todo el mundo se había hecho adulto de repente. Me impresionó bastante advertir que Jim y Tony se habían convertido en hombres. Jim, el muchacho del que todos se reían, por su manera de ser indolente y su sensibilidad casi femenina. Y Tony, el temerario, el que se daba aires de superioridad sobre todos nosotros, y que no tenía el menor reparo en emplear sus puños a la mínima ocasión. Lily ya no era la hermanita que me llevaba a pasear en el cochecito los domingos por la mañana por la ribera del canal. Se había convertido en una mujer, y ya estaba prometida en matrimonio. Paddy tampoco era el colegial de pantalón corto, al que le asomaba el drachmas por el bolsillo de atrás, sino un aprendiz de albañil que todos los viernes por la noche entregaba a mamá su sueldo semanal con orgullo y cierto aire de solemnidad, con las botas y el mono cubiertos de polvo y masa de mortero. Mona dejó de ser una niña gordita con mofletes y manos gruesas para convertirse en una señorita de diecisiete años, a la que le gustaba pintarse y empolvarse, que se ponía unos enormes tacones, y que casi siempre tenía una cita, porque lo que más le gustaba en el mundo era bailar.

Peter era un año más joven que yo, y para mí había sido el hermano favorito, porque, al ser casi de la misma edad, enredábamos el uno con el otro, sin cortarnos un pelo, y él me llegó a conocer mejor que cualquiera de los demás. Pero también le veía cambiado, los pantalones largos le daban un aspecto de persona diferente, un poco más serio y, por tanto, mucho más distante.

Llegué a pensar que ya no tenía ningún vínculo o afinidad con mis hermanos más jóvenes. Ellos tenían todavía por delante su infancia, y la posibilidad de tener sus propios amigos, tal y como yo los había tenido. Eran buenos muchachos, pero daban la impresión de tener hacia su hermano disminuido una especie de temor reverencial. Quizás de forma inconsciente hasta me tenían miedo. La verdad es que no me conocían demasiado, porque me pasaba todo el día pintando en mi habitación, excepto los domingos, cuando me sentaba en la cocina a ojear los periódicos, antes de escuchar la misa por la radio. Pero entonces apenas les hablaba, no solo porque me resultara difícil expresarme, sino también porque no habría tenido nada que decirles.

Antes de que pudiera darme cuenta llegó mi decimoquinto cumpleaños. Mamá organizó una fiesta. Y, entre la alegre concurrencia, estaban algunos de mis viejos amigos. Sin saberlo yo, Mona invitó a Jenny. Pero ella ya no era la pequeña y pecosa Jenny de nuestro idilio en el jardín, sino una preciosa muchacha de dieciséis años, vestida de satén, muy perfumada y con las uñas bien arregladas. La miré, y nuestros ojos se encontraron. Pero, entonces, cualquier mínimo recuerdo que yo pudiera conservar de la Jenny del pasado se desvaneció por completo cuando se acercó hasta mí y me estrechó la mano, sin el menor signo de vacilación.

—¿Cómo te encuentras, Christy? Estás bien, ¿verdad? —me preguntó, con mucha calma y adoptando un aire juguetón.

—Sí, sí, estoy bien, no te emociones —dije, en tono consolador, como si hubiera intentado esforzarme en decir algo. En ese momento, casi llegué a odiarla.

Cuando acabó la fiesta y todos se fueron, mamá me preguntó si me lo había pasado bien. Le dije que sí. Era mentira, porque me dolía mucho la cabeza. Pero hubo algo peor que el dolor, peor que todo, y fue la angustia que sentí cuando aquella noche me fui a la cama.

Sabía que ya no era un niño, pero tampoco un adulto. Estaba a medio camino entre la feliz ignorancia de la niñez y el despertar de los dolores y frustraciones de la adolescencia. Hasta eché de menos ser feliz e ignorante como lo había sido en el pasado. Pero me di cuenta de que mi infancia había concluido. Me había invadido la desesperación, y pensé que no tenía ningún futuro aquel día en el jardín, cuando una chica me lanzó una mirada de compasión.

8.
LOS MUROS DE UNA PRISIÓN

YA NO PODÍA seguir más tiempo huyendo de mí mismo.
Era demasiado mayor para seguir haciéndolo. Cada día
que pasaba, conforme mis hermanos se hacían adultos,
se iban convirtiendo para mí en personas extrañas e
independientes, y yo podía ver, casi palpar, todas mis
limitaciones y una estrechez de horizontes para una
vida consumida por el hastío. A mi alrededor todo eran
muestras de actividad, de esfuerzo, de madurez... Ellos
siempre tenían algo que hacer, algo en lo que ocuparse
para permanecer activos. Sus intereses, afanes y obje-
tivos hacían de sus existencias un todo, y daban a sus
energías unos cauces naturales para manifestarse. Yo,
en cambio, únicamente contaba con mi pie izquierdo.

Mi vida llegó a ser una especie de estrecho y oscuro
rincón en el que me sentaba, con la cara vuelta hacia
la pared. En esa posición, oía toda clase de ruidos y
movimientos provenientes del mundo exterior, mas era

incapaz de moverme, incapaz de levantarme a buscar mi propio lugar, tal y como lo estaban haciendo mis hermanos y amigos. Me parecía estar en el fondo de un pozo, siempre pensando en lo mismo, con las mismas emociones e idénticos temores. Me encontraba como encerrado dentro de una botella. No era más que una suma de intentos fracasados y pensamientos angustiosos.

Mamá había sido mi gran fuente de inspiración, pero ahora no siempre estábamos de acuerdo. Teníamos peleas. Las únicas palabras que no me costaba demasiado esfuerzo pronunciar eran "¡Vete al infierno!", y se las dirigía a mi madre en medio de estas discusiones, cuando me dejaba dominar por el mal humor.

Mi lenguaje seguía siendo tan enmarañado y torpe como de costumbre, pero no me hacían falta palabras para que mamá advirtiera lo que sucedía en mi interior. Pienso que ella casi podía leer mis pensamientos. Se trataba de una peculiar, una casi misteriosa especie de vínculo, que se había creado entre nosotros, de modo que uno podía hacer un gesto de dolor y el otro experimentarlo al mismo tiempo, a la manera de dos patas cortadas de una araña que se movieran y sacudieran mientras hubiese en ellas un hálito de vida, y aunque mediara una gran distancia entre ellas.

Ella sabía que mis sufrimientos se multiplicaban, y que cada vez tenía una mayor conciencia de mi estado. Hubiera querido aliviar en lo posible esta amarga realidad, infundiéndome su propio ánimo y valor, aunque so lo fuera por demostrarme que no estaba solo y que ella sabía lo que me estaba sucediendo. Era mucho más que una madre para mí; era mi fiel compañera en la hora de las penalidades.

Katriona Delahunt me fue también de gran ayuda. Representaba algo tan sublime y hermoso para mi corazón de adolescente, que no pocas veces me preguntaba si era un ser real, o más bien una bella ilusión, o una aparición destinada a desvanecerse.

Pero sabía bien que era una persona real, al escuchar su voz, al contemplar los matices de la luz en sus cabellos castaños, al verla sonreír, cuando pintaba una lámina para ella. No, ella no era uno más de mis sueños, sino una encantadora realidad.

Yo continuaba pintando mis láminas. Creaba cosas que nunca había visto antes y que eran producto de mi imaginación: paisajes, escenas campesinas, barcos, árboles junto a un estanque... Mas ya no veía de la misma forma mi oficio de pintor. A decir verdad, ya no me satisfacía por completo. Me seguía gustando, pero ya no estaba enamorado de la pintura. Dentro de mí había algo nuevo, nuevas energías y necesidades, que no podía expresar con una simple gama de rojos brillantes o marrones sombríos, sobre un modelo previamente dibujado. Me hacía falta algo más, una forma más amplia de comunicarme. Al madurar mi espíritu, el campo de la pintura se me quedó muy pequeño. Cada día que pasaba, me sentía más angustiado. Incapaz de expresarme con los labios, tampoco podía hacerlo por medio de la pintura; me sentía como si me estuviera ahogando poco a poco.

Me acordé entonces de la tristeza que me invadió siendo niño, al darme cuenta de que era diferente de los demás. Creí que el mundo se me venía encima. Pero era ahora cuando empezaba a comprender el significado profundo de mi "diferencia". En mi niñez lloré amargamente tras tomar conciencia de mis incapacidades, pero ya no era el momento de llorar, ni siquiera me quedaba el desahogo de las lágrimas. Todos mis sufrimientos se habían encerrado en mi interior.

Un día, en un arrebato de desesperación, sin saber lo que estaba haciendo y lleno de un temor inexplicable, me arrastré por las escaleras y subí hasta mi habitación. Luego, eché el pestillo, cogí lápiz y papel, me senté en la cama y me puse a escribir. Y es que aquel día había decidido poner fin a mi vida para "liberarme", arrojándome al patio desde la ventana de mi habitación. Pero antes, quería escribir una especie de "confesión", algo así como un testamento, un acto de última voluntad. Tomé el lápiz con decisión, y escribí con toda solemnidad: "A quien pueda interesar —sabiendo que a nadie le interesa...".

Resultaba una magnífica frase de introducción, ahora que lo pienso. Después de escribir aquello, doblé cuidadosamente la hoja y la dejé sobre la almohada. A continuación me arrastré hacia la ventana, la abrí con el pie y miré hacia abajo; nunca hubiera creído que hubiese tanta altura; parecía haber por lo menos trescientos metros de distancia hasta el suelo, aunque en realidad solo había poco más de tres. Hacía frío, y el viento soplaba impetuosamente, golpeándome con tanta fuerza en la cara, que me resultaba difícil hasta respirar. Saqué primero una pierna por la ventana. No sé por qué, pero entonces me acordé de Peter y yo jugando en el jardín, las tardes de verano, con nuestros soldaditos de plomo, o de cuando nos escondíamos entre la maleza... Haciendo un nuevo esfuerzo, saqué la otra pierna. Pero entonces me acordé de las Navidades en que papá se había disfrazado de Santa Claus, y de cómo le costaba sostenerse en pie, se había venido al suelo con las botas de Paddy, poniéndose a cantar, con todos los juguetes esparcidos a su alrededor... Respiré profundamente y me incorporé, quedando sentado sobre la ventana, con los pies colgando en el vacío. Cerré los ojos... La caída iba a ser tremenda, pero tenía que hacerlo de una vez: nada ni nadie me iban a detener. Mas, entonces, me acordé de Katriona Delahunt..., me bajé de la ventana, y empecé a llorar como un chiquillo.

Y cumplí dieciséis años. Lily se había casado, y también Tony, tras un noviazgo relámpago. Jim fue el siguiente en unirse a ellos, y yo sospechaba que Paddy salía con alguna chica por el modo en que intentaba aleccionar a Peter sobre cómo superar los obstáculos para tener novia, pese a que Peter le replicaba, diciendo que él también podía darle algunos consejos prácticos sobre el mismo tema. A Mona le gustaba irse todas las noches a bailar y casi siempre andaba a la greña con papá, pues no estaba de acuerdo con él en que regresar a casa más allá de las once de la noche fuese tarde. La mayor parte de las veces volvía tarde, y abría con mucho sigilo la puerta de la calle, intentando que el ruido de sus tacones pasara desapercibido. Subía luego las escaleras con la rapidez de un gato, pero lo malo era que papá la estaba aguardando en el rellano.

Al año siguiente, Peter dejó el colegio y se fue con Jim a trabajar de albañil. Papá había decidido que todos sus hijos varones fuesen albañiles, aunque también se tomó la molestia de averiguar si tenían algún otro oficio entre sus preferencias. Lo que sí consiguió fue que Jim, Tony, Paddy y Peter hicieran lo mismo que él.

–Él haría de vosotros unos albañiles estupendos –decía mi padre, un tanto bebido, señalándome con el dedo y dirigiéndose a mis hermanos—. Tú ganarías, construyendo casas, al menos cinco libras a la semana, Chris, y solo con tus manos y una paleta.

Mas yo detestaba todo lo relacionado con la albañilería.

Transcurridos unos meses, una nueva y horrenda sensación se apoderó de mí. No solo era un chico triste y pesimista, sino que también me convertí en un resentido. Mi boca deforme, mis manos retorcidas y mis extremidades inútiles hicieron que estuviera resentido con todo el mundo. Yo observaba que todos los que me rodeaban eran personas normales y en perfecto estado, y me preguntaba por qué yo tenía que ser diferente, por qué, si a mí se me habían dados los mismos sentimientos y necesidades que a los demás, poseía aquel cuerpo prácticamente inservible, con el que no solo no tenía derecho a llevar una existencia normal, sino que yo mismo me daba repugnancia. ¿Qué podía esperar? ¿Qué perspectiva tenía de ser algo más que un disminuido capaz de pintar con los dedos del pie? Mucha gente pensaba que era magnífico que pudiera pintar con los dedos del pie, y hasta me decían que era un chico afortunado, una persona verdaderamente notable. ¿Pero qué tenía de particular el pintar con el pie izquierdo? ¿Y qué tenía de bueno ser una persona singular?

Yo no quería ser una persona singular, solo una persona normal. ¿Cómo podía decir alguien que era magnífico pintar con el pie, cuando todo el mundo lo hace con las manos? Puede que fuera magnífico, pero desde luego yo nunca lo he sabido. He utilizado el pie simplemente porque no era capaz de usar las manos, pero eso no me hizo una persona orgullosa ni me llevó a considerarme único en el mundo. De hecho, nunca utilizaba el pie delante de nadie con quien no tuviera confianza, porque, si no, me sentía muy violento, pensando que daba la apariencia de un retrasado mental. O incluso alguna rara especie de mono o de foca, digna de ser exhibida en un circo.

Hasta que un día una idea me vino a la cabeza. Siempre me gustó escribir cartas, aunque la mayoría de las que escribí fueron para Katriona Delahunt. Todavía recuerdo aquellas cartas breves, en las que hablaba de cosas tan dispares como los caballos, o de cómo era mi último hermanito. Mas ahora pretendía algo más ambicioso, no ya redactar cartas, sino escribir auténticas narraciones. Y, poco a poco, esta idea fue tomando cuerpo en mí.

Hasta entonces no había tenido muchas oportunidades de leer, porque los libros no eran algo que abundase en mi casa. Mi familia pensaba que lo más importante era comer todos los días. Por tanto, llenar el estómago resultaba una ocupación más trascendental que alimentar nuestro espíritu. Constantemente se me ocurrían muchas cosas que hubiera sido incapaz de expresar con los pinceles. Esas inspiraciones, que yo quería plasmar sobre el papel, por medio de palabras, me venían a la mente en cualquier situación. Me pasaba cuando estaba metido en la cama, en cualquier día de frío invierno, cuando tomaba una pajita entre los dedos, y me ponía a hacer ociosos dibujos sobre el cristal de la ventana, empapado por la lluvia.

Así que, muy pronto, me hice con un bloc de notas, y empecé a escribir. En realidad no sabía bien lo que estaba haciendo, me limitaba a sentarme y a transcribir todo lo que se me ocurría en esos momentos. Me salía un disparatado revoltijo de palabras, frases y párrafos que no guardaban entre sí ninguna relación. Lo que intentaba hacer era algo semejante a mezclar los colores hasta obtener una única masa de color. Jugaba con las palabras lo mismo que un niño fascinado por un nuevo juguete, las escribía sobre el papel, y me pasaba un largo rato contemplándolas con admiración.

Más tarde empecé a relacionarlas entre sí, y a entrelazarlas en su contexto, como hacía con los colores de mis pinturas. Por fin comencé a añadir algunas reflexiones a lo que escribía, por lo que poco después ya no eran únicamente palabras, sino ideas; no eran representaciones mentales sin relación entre sí, sino pensamientos.

Aprendí a escribir con los dedos del pie cuando tenía cinco años, pero tuve que esperar a tener casi diecisiete para darme cuenta de que, en el hecho de escribir, estaba la clave de una nueva forma de existencia, con la que podía abrirme a nuevos campos y edificarme un mundo en el que podría vivir solo, con independencia de los demás. Del mismo modo que Peter y mis hermanos hacían construcciones de ladrillo, yo también era capaz de construir, no ya una casa, sino todo un universo particular, y no un universo de ladrillos y cemento, sino otro mucho más amplio, a base de ideas y pensamientos.

Desde entonces todo mi interés se centró en escribir. Si el pincel había sido antes el símbolo de mis capacidades, ahora lo era el lápiz, y raras veces me lo quitaba del pie.

Mis primeros relatos los ambienté en el oeste americano, con grandes dosis de acción y de caravanas poniéndose en ruta. En la mayoría de los casos me basé en recuerdos de las películas de mi infancia. Mis personajes eran, sobre todo, pistoleros que no dejaban de mascar tabaco, pasarse el día a caballo y emborracharse por las noches. También salían chicas dinámicas y de ojos vivarachos que no parecían tener otra ocupación que llevar el compás y beber ginebra.

Con frecuencia comenzaba una historia con más de veinte personajes, pero, según iba avanzando, me hacía un lío y no sabía qué hacer con cada uno de ellos; así que la única solución era hacerlos morir en distintos tiroteos, y que quedaran solo los dos o tres más importantes. Con todo esto, las hojas de mi cuaderno se convertían a menudo en un cementerio.

Más tarde me dio por lo sentimental, y escribí un buen montón de historietas basadas en el clásico tema de "chico encuentra chica". Abundaban en ellas ensueños e ideas melancólicas, y aunque me agradaba escribirlas, siempre me dejaban un poso de tristeza, al pensar que, aunque podía describir con vivacidad aquellas cosas, nunca podría conocerlas en la vida real.

También quise escribir historias policíacas, con gran abundancia de tiroteos y cadáveres. Y me sentía muy deprimido, después de haber cogido el lápiz para escribir descripciones morbosas, a base de cadáveres descompuestos, hallados en desvanes y sótanos, o de gritos que se oían de repente en el silencio de la noche, en viejas mansiones, llenas de humedad.

En estos primeros escritos me daba por lo trágico, y no me conformaba simplemente con "matar" a mis personajes, sino que lo hacía de todas las formas posibles. Como las armas de fuego me resultaban insuficientes, hasta llegué a descuartizarlos y a esparcir sus restos. Siempre abusaba de la sangre.

No puede decirse que estuviera del todo contento, pero, al menos, tenía algo en qué ocuparme. Había encontrado un modo de acabar con la monotonía cotidiana. Era algo parecido a abrir una botella de gaseosa y dejar escapar las burbujas. Así, la vida me resultaba un poco menos pesada.

Pero siempre, hiciera lo que hiciera o fuera donde fuera, me sentía solo y preso de gran inquietud. Aquello era como vivir encadenado. Conforme mi mente se hacía más ágil, era cada vez más consciente del estado de mi cuerpo, y el mero conocimiento de sus disfunciones bastaba para infundirme sentimientos de dolor casi físicos. Mi existencia no conocía días nuevos. Cada nuevo día era una simple repetición del anterior, sin cambios, ni esperanza de que pudiera haberlos.

A los diecisiete años todo parecía agolparse en mi interior. La vida sentimental comenzó a aflorar en mí. De tener meros caprichos de niño, pasé a tener necesidades de adulto. Y lo que antes habían sido simples accesos de mal humor, eran ahora auténticos estados de melancolía. Yo quería tener muchos amigos, salir con gente de mi edad, y que nadie me tuviera lástima. El hecho de ser un disminuido y no poder salir no significaba que no tuviera necesidad de todas esas cosas que forman parte de la existencia de muchas personas: fútbol, fiestas, bailes, chicas... Me invadía un profundo dolor al darme cuenta de que se habían roto todos los lazos de relación formados en mi infancia a causa del tremendo foso que la adolescencia labró entre mí y los muchachos con los que jugaba de niño. En vez de adaptarme mejor a mis incapacidades, conforme me hacía adulto me estaba volviendo una persona cada vez más amargada y problemática.

Y por fin llegó otra calamidad. Un día en que Katriona Delahunt vino a verme vi algo que brillaba en su dedo, mientras colocaba las manos en el respaldo de la silla, iluminado por un rayo de luz que entraba por la ventana de la cocina. Miré con más atención y me di cuenta de que se trataba de un anillo de compromiso, de diamantes. Mi vista no se apartó de él. Poco después, con cierto rubor, le enseñó el anillo a mamá, preguntándole si le gustaba. Mamá la felicitó, y después se volvió hacia mí para enseñármelo. Me limité a dar un gruñido, y volver la cabeza.

—No pongas esa cara tan horrible —me dijo con una de sus peculiares sonrisas, poniéndome la mano en el hombro—. Seguiré viniendo a verte, después de casarme.

Unos meses después se casó, una hermosa mañana de junio, en la capilla de la Universidad. Mamá me llevó en la silla de ruedas. Estábamos un nutrido grupo de amigos, y, al salir de la iglesia, el rostro de Katriona Delahunt se iluminó por la sonrisa que me dirigió. Fue una sonrisa a la que no me pude resistir. Se había convertido en Mrs. Maguire, pero tardé mucho tiempo en hacerme a la idea. Más tarde me presentó a Mr. Maguire, pero yo seguía estando celoso.

Pasó el tiempo. Y la vida, en mi hogar, seguía su curso. Me parecía tener dos familias dentro de casa: la de mis hermanos mayores y la de los que venían detrás de mí. La familia "mayor" y la de los más jóvenes. Aunque mamá era para mí la misma de siempre. Puede que estuviera más gruesa y que sus cabellos, en otro tiempo negros, se hubieran vuelto grises, pero seguía teniendo la sonrisa de siempre, sus brillantes ojos azules y la ligereza en el andar. Era una persona incansable. Por el contrario, papá parecía mucho más viejo. Había perdido su magnífica pelambrera rubia, y lo único que demostraba que la tuvo alguna vez eran dos mechones en las sienes, que se asemejaban a bolitas de nieve que estuvieran pegadas con cola. Conservaba las uñas fuertes, pero tenía las manos callosas de haber levantado tantos bloques de hormigón y del constante traqueteo del mortero. De vez en cuando nos echaba alguna regañina, pero en el fondo estaba orgulloso de nosotros.

Mi hermana Lily me convirtió en tío, pues pronto tuvo tres niños. Y nosotros le gastábamos bromas, diciéndole que iba a batir el récord de mamá.

—Mantén la tradición familiar, Lily —le decíamos—. ¡No nos falles!

Pero, aun cuando estaba con toda mi familia, me sentía al margen, era distinto de ellos. No podía ponerme a su nivel, ni participar en su optimismo. Seguramente ellos no habían cambiado tanto, pero, a mi modo de ver se volvieron más inaccesibles y distantes para mí. Precisamente cuando me encontraba a su lado, me sentía más lejos que nunca de ellos y de todas las cosas en las que creían y por las que se esforzaban.

La noche en que cumplí diecisiete años me levanté del sofá y me dirigí a la parte trasera del jardín. Sentía mucho calor, y quería tomar el aire. Me arrastré hasta cerca de un árbol, donde había una tabla rota sobre la que me senté. Era junio, y en el aire se sentía el perfume de las flores. Se podían percibir hasta los más mínimos murmullos y movimientos de los pájaros, entremezclados con el eco lejano de las bocinas de los coches. La luz de la luna trazaba surcos sobre el terreno por entre las ramas ondulantes del viejo y achaparrado árbol, bajo el que estaba sentado. Una de las ventanas traseras de la casa formaba un recuadro de luz amarilla, y un sonido de voces estrepitosas, que venían de la cocina, llegaba hasta mí.

Era una hermosa noche, sosegada y tranquila. La luz de la luna daba a todos los objetos un aspecto plateado. Casi podía imaginarme el clamor de las estrellas, que brillaban con luz trémula, en la oscuridad del firmamento.

Al sentarme sobre la tabla, me dejé invadir por toda la paz y tranquilidad de la noche. Me daba la impresión de haberme perdido en un sueño, iluminado por la luna, lejos de todo aquello que hacía un infierno de mi existencia cotidiana. Durante un instante me sentí feliz. Luego empecé a reflexionar. Veía que el futuro se abría ante mí como un abismo. Me sentía como atrapado y encadenado.

¿Qué es lo que era yo?, me preguntaba. ¿Acaso una broma pesada de Dios? Mi vida parecía no tener rumbo fijo ni valor. Estaba prisionero, tras unos muros que se habían cerrado sobre mí cuando me convertí en adulto. Deseaba ardientemente ser libre; quería, con todas mis fuerzas, romper mis ligaduras y escapar.

9.
LOURDES

ME AFICIONÉ A oír música desde la más temprana edad. Pasaba muchos ratos sentado junto a la radio, escuchando toda clase de música que me llamara la atención. Pero, poco a poco, aprendí a seleccionar y a elegir un tipo que el resto de mi familia detestaba y le molestaba escuchar. Se trataba, según averigüé más tarde, de lo que llamaban "música clásica". Mi afición creció con la edad, y mamá, al verme embelesado, escuchando la retransmisión de una *ópera* o de un concierto, refunfuñaba: "¡Tú, y tu estúpida música!".

Pero solamente comprendí algo de la auténtica belleza de la música cuando, un día que estaba escribiendo, escuché, de manera muy tenue, los compases de una pieza musical que estaban dando por la radio. Inmediatamente salté de la cama y me arrojé escaleras abajo, arrastrándome todo lo rápido que pude hasta la cocina. Cuando llegué, me quedé casi en éxtasis escuchando la pieza. Era pausada, majestuosa, distinguida, y en mis oídos sonaba como algo realmente maravilloso. Quedé absorto porque tocaba una fibra dentro de mí que hacía estremecerse a todo mi espíritu. Y me senté para contemplar atentamente aquel nuevo mundo que presentaba ante mí la música, hasta que los últimos compases se desvanecieron. Luego seguí sentado todavía un rato, para volver, poco a poco, a la realidad de las cosas corrientes de cada día. Aquella fue la primera vez que tuve la oportunidad de escuchar el *Largo* de Haendel. Y la experiencia me resultó inolvidable.

La música me abrió nuevos horizontes, hermosos y resplandecientes, en ocasiones alegres, pero también, con frecuencia, tristes y reflexivos. Solo oía la música clásica por la radio, y nunca he asistido a una ópera o un concierto en mi vida. A pesar de ello, muy pronto empecé a conocer a los grandes compositores, y a distinguir su música. Hice de Chopin mi preferido: si tenía ocasión, me pasaba el día escuchando su música para piano.

A menudo, cuando escuchaba música, pensaba que mi vida no era tan inútil y aburrida. Veía que todas las cosas se iban perfilando poco a poco, al igual que un gran rompecabezas en el que todas las piezas encajaban en su sitio hasta tomar forma. Experimentaba una emoción profunda, que me infundía paz y esperanza, y que llevaba consigo una vaga promesa o el anuncio de algo que iba a suceder.

Pero estos sentimientos solo duraban lo que la música. Era algo así como una ráfaga de aire puro y una mirada al cielo azul, antes de que puertas y ventanas volvieran a cerrarse. Después solo me restaba volver a mi lápiz y a mis folios, mientras mis hermanos seguían haciéndose adultos, continuando su propia trayectoria.

Para mí ya no eran mis hermanitos, sino hombres y mujeres hechos y derechos.

A pesar de la música, la casa me resultaba una prisión que me encerraba entre sus muros. Quería hacer frente a los pensamientos derrotistas, y detestaba darme por vencido. Pero no tenía la suficiente fuerza de voluntad para salir a flote. Me daba horror solo el pensar que al día siguiente tendría más dificultades a las que hacer frente. Y lo peor de todo era que empecé a pensar que mis sufrimientos eran algo estúpido, absurdo y cruel. Cuando pensaba en Dios, lo hacía con resentimiento. Rezaba todas las noches, pero de forma un tanto maquinal, sin sentir lo que estaba diciendo. Llegué a pensar que Dios me había olvidado.

Hasta que un día vino a verme Mrs. Maguire, para decirme: "Escucha, Christy, ¿te gustaría ir a Lourdes?".

Muchas veces oí hablar de los viajes a Lourdes, y siempre tuve muchas ganas de ir, en parte por el gusto de viajar, y en parte porque, a pesar de mi falta de interés por lo religioso, mantenía la secreta esperanza, que ni yo mismo me hubiera atrevido a confesar, de que sucediera un milagro.

—Sí—le respondí—. Pero, ¿y el dinero?

Le comentamos la idea a mamá cuando volvió de hacer la compra, y le pareció estupendo. Inmediatamente nos pusimos a hacer planes. El viaje costaba unas treinta y cuatro libras, pero el Comité de Lourdes, organizador de la peregrinación, daba una subvención de diez. Mamá se ocuparía, al día siguiente, de obtener cinco libras más de una tía anciana. Pero esto es todo lo que podíamos conseguir.

—Bien —dijo después Mrs. Maguire—. Conseguiré lo que nos falta. Invitaré a mis amigos a jugar al bridge, y les haré apostar cantidades fuertes, como quinientos chelines, les ganaré y con eso te podré enviar a Lourdes.

Su encantadora sonrisa de optimismo me aseguraba que todo saldría bien. Y así sucedió.

Cuatro horas antes de salir para Lourdes me puse muy nervioso. Era mi primer viaje al extranjero, y encima tenía que viajar solo y sin ninguna persona conocida. Me asustaba solo pensarlo. ¿Cómo podría hacerme entender por la gente? ¿Cómo me las arreglaría para comer, vestirme, lavarme y acostarme? Aun teniendo dieciocho años, no podría hacer todo esto yo solo. Era papá el que tenía que ayudarme, porque yo era un ser prácticamente inútil, salvo con mi pie izquierdo.

Mi madre, junto con Mrs. Maguire y su marido, fueron a despedirme al aeropuerto. La hora de salida del vuelo eran las tres de la madrugada.

Tras colocarme en una camilla, dos enfermeros me introdujeron en el avión. Pero como no tenía realmente necesidad de estar en camilla, al final me pusieron en un asiento junto a la ventana, lo que me puso muy contento. Iba saliendo todo bien, y el ambiente dentro del avión me resultaba agradable, por lo que me olvidé por completo de mis preocupaciones. El médico, el sacerdote y las enfermeras que estaban a bordo eran verdaderamente simpáticos. Y sobre todo una enfermera rubia y de ojos negros, a la que puse el nombre de Cherry.

Enseguida sobrevolamos el mar de Irlanda, la costa de Gales y el Canal de la Mancha. Fue entonces cuando pude ver por primera vez a mis compañeros de peregrinación.

En el asiento contiguo se sentaba una chica de diecinueve años; unos cabellos de brillante rojo castaño envolvían su rostro hermoso, pese a sus padecimientos.

Sus piernas y su espina dorsal estaban paralizadas desde los diez años, cuando sufrió una parálisis infantil, y sin embargo se mostraba afable y sonriente. Nos hicimos amigos, y me dijo que se llamaba Maire, y que era del Condado de Wicklow. Me habló de películas, libros y de una hermana a la que le gustaba bailar. "También a mí me gustaría ir alguna vez a un baile", me dijo, mirando abstraídamente por la ventana. Pensé que, pese a todo, se sentía feliz, pero después oí su respiración entrecortada, y vi cómo, con un gesto de dolor, se pasaba la mano por la frente. "Por favor. Dios mío. Haz que pueda volver a caminar —decía—, y entonces podré ir a mi primer baile". Moriría dos días después en Lourdes.

También había un muchacho de Kerry —creo que se llamaba Danny—, que había perdido la movilidad de las dos piernas y de la mano derecha, desde hacía pocas semanas. Toda su conversación giraba en torno a las veces que solía ordeñar en una granja. Todos le gastábamos bromas por su exagerado acento de campesino irlandés, pero él no se molestaba, y seguía hablándonos de "Nellie", su vaca, y de cómo volvería a ordeñarla en cuanto mejorara.

Había una mujer de edad, con las manos paralíticas y los pies deformes, que no dejaba de rezar en todo momento, y un joven, de complexión robusta y rostro bronceado, que estaba completamente ciego. No faltaba la chica sordomuda, que sujetaba con fuerza una muñeca. Frente a mí se sentaba Tommy, siempre alegre y con una voz agradable; no tenía brazos ni pies. Y a su lado estaba una joven casada, que había contraído la tuberculosis hacía un año, tras el nacimiento de su primer hijo. Estaba postrada en una camilla, un tanto pálida y debilitada, gimiendo tenuemente. Pocos días antes de volver a Dublin entró en coma y murió, en medio de grandes sufrimientos.

Al contemplar los padecimientos de todas aquellas personas, una nueva luz se encendió en mi interior. Me quedé un tanto desconcertado; no podía suponer que existiera tanto sufrimiento. Me había comportado hasta entonces como un caracol encerrado en su concha, y ahora empezaba a ver todo lo que había más allá. ¡No solo era que todas aquellas personas sufrieran, sino que, para sorpresa mía, sus deficiencias eran mucho peores que las mías! Hasta entonces no se me había ocurrido que aquello fuera posible. Me parecía haber estado ciego todo el tiempo, y que solo ahora veía con mis ojos, y sentía verdaderamente, de corazón, el estado de los demás, cuyas cargas eran tan pesadas que, en comparación, las mías quedaban reducidas a nada.

Por fin llegamos a Francia, y nuestro avión aterrizó en el aeropuerto de Tarbes. Miré por la ventana. Al fondo se alzaban los Pirineos. Numerosos grupos de personas estaban contemplando nuestra llegada. Y, entre ellos, muchos campesinos de las granjas vecinas, que momentos antes yo había divisado desde el aire, a modo de puntos de una enorme colcha.

Bajamos del avión y nos introdujeron en una ambulancia, que nos trasladaría, por caminos un tanto tortuosos, al convento donde nos íbamos a alojar durante nuestros siete días de peregrinación, y que estaba situado en la propia ciudad de Lourdes.

Al llegar la ambulancia a la plaza en la que se situaba el convento, pude echar un primer vistazo a la famosa basílica y a la bella plaza del Rosario. Un largo y delgado chapitel, rematado por una cruz dorada, ascendía en sentido vertical sobre un cielo azul resplandeciente, y desde el interior de la capilla llegaba el canto de un coro que entonaba un himno a María. Grandes multitudes se agolpaban en la plaza, unos estaban de rodillas, otros sentados leyendo o simplemente adormeciéndose al sol, y no faltaban paseantes, que se limitaban a sacar fotos.

Tras salir de la ambulancia, nos pusieron en unas sillas de ruedas, semejantes a los carritos de los chinos, para trasladarnos al convento. Eran casi las doce del mediodía, y el sol brillaba con fuerza sobre un cielo despejado. En el interior del edificio, por el contrario, el ambiente era fresco, y todo tenía aspecto de limpio. Enseguida nos trajeron el almuerzo. Una enfermera joven fue la encargada de darme de comer, yo tenía demasiada hambre como para pensar en tener vergüenza.

Aquel primer día no nos llevaron a la gruta, pues era preferible un descanso después de un viaje tan largo. Yo me sentía como el chico nuevo de un colegio, y, al anochecer, me sentí muy solo, pensando que se habían olvidado de mí. A duras penas intenté rezar, pero no podía dejar de acordarme de mi casa y de mis padres. Me limité a meter la cabeza bajo las mantas, y rompí a llorar, hasta que la puerta se abrió y apareció una enfermera. El corazón me dio un vuelco, pues se trataba de Cherry, y sus bucles dorados asomaban coquetamente tras la ajustada cofia de enfermera. Iba pasando por las camas, para asegurarse de que estuviéramos a gusto. Cuando llegó a mi cama, me preguntó, con una radiante sonrisa si quería que me echara encima alguna ropa más.

—Claro que sí —musité al instante, aunque a decir verdad, mejor arropado ya no podía estar.

—¡Pues venga! —y siguió sonriéndome, mientras doblaba los pliegues de las sábanas por debajo del colchón, y enderezaba la almohada—. ¿Estás ahora cómodo?

—Bastante —quise decir.

Y lo último que recuerdo, antes de quedarme dormido, fue otra vez su sonrisa al colocarme la ropa por encima de los hombros. Aquella noche pude dormir profundamente.

A la mañana siguiente nos llevaron a las famosas aguas medicinales, donde ya se había reunido una gran multitud de diversos países en espera de tocar las aguas del manantial subterráneo, sobre el que se levantaba el balneario.

Mientras aguardaba mi turno, miré a mi alrededor. Debía haber, aproximadamente, unas trescientas personas en la antesala del pequeño edificio, de muros de hormigón, que albergaba los baños. Y casi las tres cuartas partes iban en sillas de ruedas, como yo. Algunos eran incapaces de mantenerse erguidos, y se veían forzados a inclinarse sobre la espalda. A otros les faltaban todos los miembros, cierto número se arrastraba con muletas, con bastante dificultad. Yo los veía —sin piernas, sin brazos, sin vista— como si se tratara de cadáveres vivientes tendidos al sol. Guardaba cierto parecido con la Corte de los Milagros descrita por Víctor Hugo en su novela *Notre-Dame de Paris*. En medio de ellos me sentía pequeño e insignificante.

Me tocó el turno de meterme en el agua. Me sentaron sobre un banco de madera, y dos franceses se ocuparon de desnudarme. Todas las casetas del edificio eran de mármol, y el "baño" era una profunda cavidad cuadrada excavada en el propio suelo, con escaleras que conducían hasta el agua. En la pared de enfrente colgaba un sencillo crucifijo de madera, con oraciones en latín inscritas sobre él.

Me levantaron de los brazos, muy despacio, bajándome por las escaleras, para sumergirme en el agua.

Sofoqué un grito al sentir el agua fría en la cabeza. Me alcé enseguida, y uno de los hombres me preguntó, en un inglés entrecortado, si quería meterme otra vez. Asentí y volvieron a sumergirme. Al mismo tiempo les oí recitar oraciones en francés. Después me alzaron y me dieron a besar una crucecita.

Quizás fueran imaginaciones mías, no lo sé, pero después de salir del agua me sentía como si hubiera nacido de nuevo, como si hubiera pasado del sepulcro a la luz del día.

Aquella tarde vi la gruta por primera vez. Lourdes estaba atestado de personas, y cuando me conducían a través de la calle que da al santuario, un tropel de peregrinos pasó a mi lado, y el aire se empapó de idiomas diversos: francés, italiano, español, portugués, sueco, danés... en extravagante mezcolanza. Y todos, ya procedieran de Dublín, Roma, París, Milán o Madrid, estaban animados por idéntico propósito: rezar y mantener la esperanza.

Al llegar a la gruta no vi más que una multitud arrodillada y con las cabezas inclinadas. Mas los organizadores lo habían dispuesto todo muy bien, abriendo un camino para que las sillas de ruedas pudiesen llegar hasta el santuario.

Enseguida me encontré junto a las gradas del altar. Tímidamente, alcé los ojos y me quedé mirando la hermosa estatua de mármol de la Virgen, de vestiduras azules, y, a su lado, la imagen de la pequeña Bernardette, de rodillas y con las manos juntas, como en éxtasis. Desde la oquedad excavada en las sólidas paredes de la roca, la serena mirada de María avistaba aquella gran multitud de hijos suyos postrados a sus pies para manifestarle tanto sus penas como su amor. Entonces le pedí con insistencia que me curara.

Aquella noche tomé parte en la procesión de las antorchas por la pequeña ciudad. No olvidaré fácilmente aquella escena.

Entre las siete y las ocho de la tarde, miles de personas se concentraron en la plaza del Rosario, y al caer la noche, que envolvió las colinas cercanas con un velo de niebla, se encendieron miles de cirios y dio comienzo la procesión, de la basílica al santuario, encabezada por las autoridades eclesiásticas de cada país que tomaba parte en la peregrinación. Toda la fachada de la hermosa basílica estaba iluminada, con un vivo resplandor que contrastaba con el negro terciopelo de la noche.

En nuestro camino de regreso a la gruta, la multitud alzó su voz para entonar el "Ave María". Sus notas se elevaban en el suave aire de la noche, y su eco retumbaba en las colinas. Se nos unieron varios miles de personas más. Todos llevaban velas encendidas, que oscilaban mecidas por una ligera brisa.

Por contraste, la gruta permanecía envuelta en la oscuridad, a excepción de un solitario cirio sobre el altar de mármol. La gente, que aún seguía cantando se arrodilló, formando un semicírculo alrededor del santuario. Las llamas de sus cirios iluminaban la escena, relumbrando sobre la corona de perlas que rodeaba la cabeza de la Virgen.

Aquel fue el momento más hermoso de mi vida.

Me había dormido cuando nuestro avión estaba llegando a Dublín; me despertó una mano que me tocó el hombro, estrechándolo con suavidad.

—¡Ya estamos en casa!

Alcé la mirada, un tanto perezosamente, sin dejar de bostezar, y vi que era Cherry. Estaba de pie, junto a mí, y me sonreía. No sé cómo se enteró de que pintaba con el pie izquierdo, y me preguntó si quería hacerle un retrato cuando tuviera tiempo. Moví la cabeza con firmeza para darle seguridad de que disponía de todo el tiempo del mundo. Luego me pidió mis señas, para pasar a recoger la pintura. Intenté decírselas, pero todo lo que salió de mi boca fue un ruido extraño. En vano lo intenté una y otra vez. Entonces, un tanto bruscamente, me quité el zapato y el calcetín del pie izquierdo, y lo levanté para sacar un lápiz del bolsillo y escribir la dirección en una señal del devocionario de Cherry.

Llegó el momento de despedirse. Me volví, cuando me introducían en la ambulancia, para llevarme a casa. Ella estaba de pie sobre la escalerilla del avión, bromeando con un miembro de la tripulación, un tipo apuesto y de cabellos rubios. Y le lancé una mirada de odio.

Hasta el momento no ha venido a recoger su retrato.

Ya estaba otra vez en casa... Mi familia se puso contenta de verme, tras una semana de ausencia. Y yo también estaba satisfecho de ver las caras habituales. Francia era bonita, pero Kimmage era mi hogar.

Me sentía un tanto confuso, después de todas las imágenes tan poco frecuentes de las que había sido testigo y de las emociones que había experimentado. Durante una semana me olvidé de mí mismo, asombrado por todo lo que pude ver y la gente que llegué a conocer.

Pero en casa todo era muy distinto. Las cosas seguían su curso ordinario, pero yo no. Mis hermanos no eran como las personas que vi en Lourdes; eran capaces de hablar, andar y hacer lo que cualquier persona normal. Las palabras de Peter o Paddy me llegaban con nitidez. Se entendía todo lo que querían decir. Mas, cuando yo intentaba hablar, solo me salían ruidos extraños. Mis hermanos utilizaban sin ningún problema las manos, pero si yo trataba de usar las mías, era incapaz de controlarlas. Eran totalmente inútiles. Solo unos pedazos de carne retorcida.

Pasados unos días, Lourdes fue solo un recuerdo, y, al desaparecer su magia, volví a ser consciente otra vez de mi estado, del vacío y del tedio de mi existencia. Lourdes había quedado atrás, y yo volvía a ser el mismo de antes.

Me parecía estar embutido otra vez en un viejo gabán. Todo volvía a ser igual. Era incapaz de soportar aquella vida. Quería un motivo para seguir viviendo, pero no tenía ninguno. Buscaba una finalidad a mi existencia, pero no la encontraba. Todo me resultaba vano y absurdo. Estaba como muerto, a la búsqueda de algo que no podía hallar y de alcanzar algo que no podía asir.

Sabía muy bien que, pese a las apariencias externas, aunque ignorase a los demás o me encerrase en mí mismo, nunca sería feliz, ni tendría paz, mientras siguiera siendo un disminuido. Recordaba Lourdes y a las personas que conocí junto a la gruta, y nuevamente intenté ser como ellos: pacientes, alegres, resignados con el sufrimiento, sabedores de la recompensa que les esperaba en la otra vida... Pero no me sirvió de nada. Estaba bastante apegado a lo puramente humano. En mí había demasiado del hombre autosuficiente y muy poco del humilde siervo que se presta gustoso a someterse a la voluntad de su Señor. Antes de pensar en el otro mundo quería conocer y contemplar más cosas de este. Pese a las maravillas y bellezas de Lourdes, todavía seguía siendo un muchacho que no había aprendido a ser dócil.

10.
LA CASA QUE MAMÁ CONSTRUYÓ

LOURDES DEJÓ UNA impresión duradera en mi espíritu. Me di cuenta de que, lejos de estar solo y aislado, como pensaba, era simplemente un miembro más de esa hermandad del dolor, que se extendía por el mundo entero. Me acordaba del valor y perseverancia que reflejaban los rostros de las personas sufrientes, que llegaban esperanzadas, de todas las partes del mundo, para rezar en la gruta, a los pies de la Virgen. Allí había contemplado la historia de mi propia vida, reflejada en los ojos de aquellos con los que recé, aquellos hombres y mujeres de lenguas diferentes, que vivían de acuerdo con distintas formas de pensar, pero que se habían convertido en hermanos y hermanas, constituyendo una única familia, con el legado común del dolor. Nadie veía al otro como a un "extranjero" en aquel lugar sagrado; todas las barreras que separaban a las personas o a las naciones se venían abajo ante la necesidad común de entendimiento y comunicación que todos experimentábamos, y que únicamente podía haber inspirado el dolor.

Estaba de vuelta en casa, lejos de toda la gloria y magnificencia de Lourdes, y de todo lo que me había hecho olvidarme de mí mismo, en aquella corriente de simpatía y comunión con los demás. Aquí me rodeaba no una multitud de sufrientes, sino mi familia, gente saludable, personas normales, que de un modo inconsciente me hacían sentir como una marioneta. Como un pájaro que fue libre durante un instante para ser encerrado de nuevo en su jaula.

Aproximadamente una semana después de mi regreso empezó a invadirme otra vez aquella horrenda sensación de soledad que hacía estragos en mi mente. Probé a evadirme con la lectura, y Mrs. Maguire me dio muchos libros. Pero no leía más que a Dickens, y eso me ponía triste, aunque, de vez en cuando, me arrancara una sonrisa.

Mamá advirtió mi melancolía y que, conforme pasaba el tiempo, no dejaba de pensar y meditar tristemente sobre todas las expectativas no realizadas en mi existencia, pensando en ellas cada vez de forma más sombría, pues sabía de su necesidad y que tenía que renunciar a ellas para siempre. Aunque los dos nos comprendíamos bien por aquel entonces, mamá ya no intentaba consolarme con palabras ni bromear a costa de mis estados de melancolía. Entre mi madre y yo parecía alzarse una nueva barrera, una muralla de cristal que nos impedía acercarnos el uno al otro. Yo tenía sentimientos y anhelaba cosas que ella no podía apenas entender.

Un jueves por la tarde, siete u ocho días después de mi regreso de Lourdes, estaba sentado junto a la ventana, invadido por el pesimismo, viendo cómo la oscuridad de la noche de otoño iba cubriendo lentamente las calles con una neblina entre sombría y púrpura. En la cocina se oía también el crepitar de las salchichas en la sartén, pues mamá estaba haciendo la cena, mientras los niños alborotaban a su alrededor. Mona estaba de pie, ante el espejo, pintándose los labios y empolvándose la nariz, ya que una vez más se iba a bailar, mientras Peter, muy satisfecho de sí mismo, se limpiaba enérgicamente los zapatos con un trapo viejo y me guiñaba un ojo, indicándome con esta señal que tenía una cita.

Repentinamente aparecieron ante mis ojos los faros de un coche que, penetrando entre la débil luz del atardecer, daban la vuelta hacia la calle de enfrente. La luz desapareció tras unos arbustos, pero segundos después surgió nuevamente y se detuvo ante nuestra puerta. Un hombre descendió del coche, contemplando de manera dubitativa el número de la casa, pero luego, con cara de satisfacción, abrió el portal y subió por las escaleras.

—Alguien viene —musité.

—¿Qué es? —preguntó Peter, al darse cuenta del coche aparcado.

—Ve a ver —le dije de forma un tanto brusca.

Al oír que llamaban, mamá salió a abrir. Le escuché hablar con alguien en el vestíbulo, y poco después entró en la cocina, en compañía de un desconocido.

—Este es Christy—dijo mamá al entrar.

El hombre se acercó y se situó a mi lado. Era de fuerte complexión y ojos grises, unos ojos que, cuando me miraban, parecían escudriñarme al mismo tiempo.

Se sentó en una silla, cerca de mí, y me dijo que era un médico que me había visitado de niño. Después me vio subido a espaldas de mi hermano, durante la proyección de una película con fines benéficos. No se olvidó de mí, y desde hacía varios días trataba de localizarme.

Luego se levantó y empezó a pasear de un lado a otro, en actitud pensativa, para acabar sentándose al otro lado de la mesa, con los brazos cruzados. A continuación, se puso a hablar.

—Christy —dijo, con voz bien timbrada—, hay un nuevo tratamiento para la parálisis cerebral, que es lo que tienes tú. Creo que te podrías curar, pero solo lo conseguirás si pones lo suficiente de tu parte. Yo no te puedo ayudar si no intentas ayudarte a ti mismo. Antes de que hagamos algo por ti, tienes que querer curarte —después se levantó, fijando sus ojos en mí—. ¿Lo intentarás si yo te ayudo? —me preguntó.

—Lo intentaré —pensé.

Y es que, al no poder hablar, tampoco podía responderle. Solo contemplarle fijamente. Pero él debió leer en mis ojos la respuesta, por lo que, muy satisfecho, me puso la mano en el hombro y añadió:

—De acuerdo. Empezaremos mañana.

Después dijo que, al día siguiente, enviaría a uno de sus ayudantes para hacerme un reconocimiento y prepararme el tratamiento adecuado, pues el método se dirigía a cada enfermo individualmente considerado. El tratamiento se haría a domicilio, pues aún no habían montado su propia clínica para casos semejantes.

El doctor se levantó para salir, pero, apenas había traspasado el umbral de la puerta, volvió sobre sus pasos.

—A propósito —dijo—. Soy el doctor Collis. Volveremos a vernos pronto.

Y se fue.

La puerta se cerró tras él, y yo me puse a observar las reacciones de los presentes. Sus rostros reflejaban satisfacción, y se les veía emocionados. A papá se le veía tan contento que su mano continuaba temblando mientras me llenaba la taza de té.

Mona se olvidó por un momento de su afición al baile y, mientras me dirigía una sonrisa, sin darse cuenta, se echaba el contenido de la polvera en las manos. Y el bueno de Peter se ponía dos cucharadas de sal en el té en lugar de azúcar.

Me fijé, de manera especial, en mamá. Al igual que yo, no mostraba fácilmente sus sentimientos, pero sus ademanes reflejaban una alegría serena, en su rostro se sentía una viva satisfacción que significaba mucho más para mí que si me hubiera echado los brazos al cuello arrasada en lágrimas. ¿Y qué experimentaba en mi interior, en aquellos instantes que había esperado y anhelado desde que fui capaz de sentir y soñar? Al principio permanecí como insensible. Todos mis sentidos se habían paralizado, y noté una especie de vértigo. Era incapaz de hacerme a la idea de que, por fin, podría curarme. Me resultaba excesivo. Me sobrepasaba ampliamente.

Mi familia hablaba atropelladamente, a mi alrededor, como si fuera presa de un éxtasis colectivo. Mas no podía comprender ni una sola de sus palabras. Me limitaba a beberme a pequeños sorbos el té de manera distraída, cada vez que papá me acercaba la taza a los labios y devoraba las tostadas sin apenas saborearlas.

Poco después me senté con papá y mamá, junto a la chimenea, pues los demás salieron a divertirse. Empecé a reflexionar sobre todos los acontecimientos deparados por aquella jornada, y solamente en ese momento me di cuenta de la realidad. Mi emoción era diferente a la que sentía mi familia: me había sorprendido bastante lo bien que podía resultar aquello.

Cuando viajé a Lourdes, lo hice con mucha alegría y esperanza. Regresé a casa, una semana después, un tanto inquieto y con un poco más de experiencia. Me sentía muy frustrado, pues todo volvía a ser como antes. Atrás quedaba la esperanza ante la perspectiva de ir a Lourdes. En casa me volvían a invadir el hastío y la tristeza, porque por mucho que deseara cambiarla, mi vida siempre sería igual: gris, vacía y sin horizontes.

Aquel día, mientras yo alimentaba tan sombríos pensamientos, aquel médico surgió inesperadamente para decirme que podía llegar a curarme. Con unas pocas palabras transformó mi vida por completo: dio a mi pasado una significación y a mí futuro una esperanza, una finalidad concreta. Me proporcionó algo que daba firmeza a mis pensamientos y deseos, algo por lo que vivir, trabajar y luchar, en un momento en que yo estaba firmemente convencido de que lo único que tenía por delante eran años vacíos y estériles.

Pudo haber sido el azar, o una simple coincidencia, pero me dio la impresión, por todo lo que sucedería más adelante, de que aquello era casi un milagro no solo por la felicidad que me reportase, sino también porque hizo nacer la fe donde antes solo existía amargura y frustración. Sirvió para demostrarme que, en los planes de Dios, todos tenemos importancia, incluso las personas en apariencia más insignificantes, pues todos formamos parte de sus planes, e incluso un desconocido puede ser muy importante si ayuda a otros a levantarse cuando tropiezan. Y yo también tenía mi parte, pese a mi poquedad.

Aquella noche, antes de acostarme, recé una oración de acción de gracias, y me arrepentí de haber dudado de Dios.

El médico que vino a visitarme al día siguiente era joven, alto y apuesto, con un cierto porte militar que causaba impresión. Se movía lenta y cuidadosamente, y su manera de comportarse infundía confianza a los que le rodeaban. Me cayó bien nada más verlo. Se llamaba Louis Warnants, y siempre lo recordaré con emoción y gratitud.

El doctor Warnants había ideado un tratamiento especial, consistente en ejercicios físicos, que yo mismo podía realizar en casa, o, en todo caso, con ayuda de mi familia. También me dijo que aquello iba a ser únicamente el principio. Si respondía de forma adecuada, aunque fuese muy poco, pasaría a hacer ejercicios mucho más complejos, siempre de acuerdo con mi capacidad de progresar. Supe que tales ejercicios recibían el nombre de fisioterapia, y pensé que la denominación era de lo más adecuado.

Warnants vendría a verme una vez por semana, cada domingo, para ser más exacto. Entonces me hacía realizar los ejercicios y me observaba, tomando nota detallada de los que me resultaban más difíciles y señalándome las equivocaciones.

Resultaba un tanto divertido el modo en que mis hermanos se las ingeniaban para estar en casa el domingo por la tarde, al aproximarse la hora de visita del doctor. Le tenían cierto respeto, porque, pese a sus aprensiones, era un perfecto caballero de impecables modales. Con él no cabían las medias tintas; se tomaba muy en serio su profesión, y la anteponía a todo lo demás.

Una tarde de domingo, en que vino a visitarme un poco más temprano de lo acostumbrado, todos mis hermanos, grandes y pequeños, se encontraban en la cocina. Enseguida mamá pudo deshacerse de los más jóvenes, enviándolos al piso superior, pero no sabía qué hacer con los mayores. El doctor Warnants se encargaría de resolver el problema.

—Buenas tardes a todos —dijo en forma cortés, dirigiéndose a seis o siete de mis hermanos, que se habían quedado allí—. Mrs. Brown, se ha deshecho usted de sus corderos, pero todavía le faltan las ovejas.

Acto seguido, se encaminó hacia donde estaba sentado Jim.

—¡Hola!, tú eres, Jim, ¿verdad? Hace un día fenomenal para ir a dar un paseo. Déjame que te ayude a ponerte el abrigo.

Los demás entendieron la indirecta y se fueron, tomándose las cosas de buen humor. Y el doctor Warnants les hizo de portero.

Al doctor le resultaba un tanto dificultoso tratarme en casa porque la única habitación utilizable para tales menesteres era la propia cocina, que resultaba bastante pequeña e incómoda. Si realizaba ejercicios con las piernas extendidas, me golpeaba contra el hogar. Si giraba sobre mi estómago, la cabeza podía terminar debajo de una silla y las piernas debajo de la mesa, y si, a continuación, alzaba la cabeza, el golpe que me daba era clamoroso.

—O tú eres demasiado grande, Chris, o esta habitación es demasiado pequeña —dijo el doctor.

—Creo que son las dos cosas al mismo tiempo —repuso mi madre.

—Si tuviéramos un poco más de espacio... —añadió el doctor Warnants con un suspiro, tras haber observado que aquella tarde me había dado tres o cuatro golpes en la cabeza.

Detrás de nuestra casa había un amplio terreno, que en tiempos pasados intentamos cultivar sin ningún éxito. A decir verdad, lo único que se consiguió fue plantar y cosechar, en una ocasión, nabos, coles y patatas. Daba igual sembrar flores o verduras, pues la tierra se negaba obstinadamente a admitirlas, empeñándose en mantener su aspecto salvaje. Pero mamá se empeñó en que eso no podía ser. Y, a menudo, llegaba a ofrecer hasta media corona a cualquiera de nosotros si intentábamos algo al respecto.

Ahora, sin embargo, mi madre tenía otra idea, una idea luminosa. ¿Por qué no utilizar para otros fines aquella parte trasera del jardín? Al doctor Warnants y a mí nos vendría muy bien disponer de un espacio para nosotros solos, lejos de todo el ruido y trajín de la casa. Así que ¿por qué no construir allí otra habitación, donde pudiéramos aislarnos por completo? Pero todo es siempre cuestión de dinero. Y ella no tenía ni la más mínima idea de los costes, pero, como pertenecía a una familia de albañiles, no le costó demasiado averiguarlo. Tras sondear discretamente a papá y a los chicos, llegó a la conclusión de que serían cincuenta libras contantes y sonantes.

Pero mi madre no estaba dispuesta a darse por vencida y resolvió poner en práctica su ambicioso proyecto. Fue directa al asunto: pidiendo prestado, vendiendo cosas, reuniendo dinero de colectas, visitando la casa de empeños, buscando a parientes acomodados tras enterarse de que aún no habían fallecido... Durante semanas, mantuvo en secreto sus operaciones para reunir dinero a toda la familia, excepto a mí. Y yo, por supuesto, le di todo mi apoyo moral.

Cuando hubo reunido unas veinte libras, decidió dar comienzo a la obra. Mamá sabía que no podía contar con papá, pues él siempre pondría el inconveniente de que las "autoridades" —una de sus expresiones favoritas— no permitirían edificar sobre ese terreno, porque la casa en que vivíamos también estaba sometida a las normas municipales. Así que ella expuso su plan a sus cuatro hijos albañiles. Ninguno de ellos se mostró demasiado entusiasmado. Quizá habría sido de otra manera si a alguien le hubiera dado por empezar la obra, pero, como suele pasar en tales casos, nadie estaba preparado para hacerlo.

Mi madre decidió entonces poner de inmediato sus planes en práctica. Una tarde fue a encargar un centenar de bloques de hormigón, cuatro bolsas de cemento y dos de mortero. "¡Esto es solo para empezar!", se dijo.

Aquel mismo día trajeron los materiales, pero al pobre papá casi le da un infarto al llegar del trabajo por la noche y ver los bloques dispuestos a la entrada del jardín. Se sujetó a la puerta para no caerse. Abría la boca, pero no era capaz de articular palabra, mirando aquel montón de materiales. Abrió la puerta tambaleándose, y dijo a mamá, con voz ronca:

—¿Qué te propones?

—Oh, me olvidé de decírtelo —respondió mi madre, con mucha tranquilidad, mientras ponía la mesa para la cena—. Voy a construir una casa para Christy en la parte de atrás del jardín.

—Dios mío—repuso papá, mirándola fijamente—. ¿Quieres que nos desahucien? ¿No te das cuenta de lo que estás haciendo? Las autoridades podrían...

—Sí, sí, ya lo sé —dijo mamá, con mucha calma—. Pero ahora tómate la cena, como un buen chico, o se te enfriará.

—Solo lo harás, pasando por encima de mi cadáver —replicó mi padre, con la boca repleta de estofado.

—Primero, te enterraría, por supuesto —dijo mamá, con su imperturbable tranquilidad.

Al ver que era inútil discutir con ella, papá ensayó la "no cooperación", diciendo que él no movería un dedo, y aconsejó a mis hermanos que hicieran lo mismo.

En ese instante creí que mamá se iba a dar por vencida. Pero se limitó a sonreír, y añadió:

—Muy bien, si ninguno de vosotros lo hace, yo misma lo haré.

Y a todos les entró la risa solo de imaginarse a una mujer construyendo una casa.

Al día siguiente, mamá se levantó muy temprano, desayunó rápidamente, envió a los seis niños pequeños al colegio, y dedicó toda la mañana a las labores de la casa para así tener libre la tarde. El almuerzo transcurrió de la forma acostumbrada. Mi madre no dijo ni una palabra de lo que le pasaba por la cabeza.

A eso de las cuatro de la tarde, me di cuenta de que llevaba bastante tiempo en la parte de atrás de la casa. También me percaté de unos ruidos que procedían del jardín. Me entraron ganas de curiosear, y me las arreglé para llegar hasta la ventana, y echar un vistazo.

Desde allí pude ver a mamá, rodilla en tierra, con un cubo lleno de cemento a un lado y una vasija con agua al otro. Con la mano derecha empuñaba una paleta. ¡Se la veía muy satisfecha, contemplando la hilera de bloques que acababa de levantar!

Aquella noche, tras servir la cena, se fue con toda tranquilidad a proseguir con su trabajo. Minutos después, papá, que había salido al patio a buscar no sé qué, la vio. Al principio se quedó parado, luego, poco a poco, se acercó a la pared en construcción. Y la tocó con el pie.

—¿Qué es esto? —preguntó—. ¿Qué te crees que estás haciendo?

Mamá alzó la vista.

—Estoy construyendo la casa de Chris —respondió, mientras agarraba otro bloque.

Durante un minuto o poco más, papá no dijo nada, se limitó a esperar. Luego se paseó de un lado a otro de la hilera de bloques. Después se detuvo, contrajo el labio superior, y dijo:

—Mira. Lo estás haciendo todo mal, mujer. ¿Dónde has puesto los cimientos?

—Sabía que algo se me había olvidado —respondió mi madre un tanto malhumorada.

En ese momento se acercaron mis hermanos albañiles. Mi padre se volvió hacia ellos, y les dijo:

—Mirad, chicos, vuestra madre está intentando hacer nuestro trabajo.

—Está horrible—dijo Paddy, moviendo la cabeza, con desaprobación, tras contemplar la hilera de bloques—. Ni siquiera los has puesto al mismo nivel, mamá.

—Las mujeres —añadió Peter— siempre están tratando de ser como los hombres. Vete a tu cocina, mamá.

—Pues, bueno, si es un trabajo de hombres, continuadlo vosotros —fue su contestación.

Después se puso en pie y se limpió las manos en el delantal. A continuación dio media vuelta y se marchó, pero al pasar cerca de mí me lanzó una sonrisa.

Los cinco albañiles se miraron unos a otros.

—¡Venga! —dijo papá, en cuanto ella se hubo metido en casa—. ¡Vamos a empezar!

De esta forma se construyó mi casa del jardín. La obra tuvo que superar muchas vicisitudes, y por momentos daba la impresión de no acabarse nunca. La principal causa de los retrasos era la falta de dinero. Las veinte libras de mamá se acabaron enseguida, y hubo que paralizar la tarea.

Un día, mi padre me preguntó qué me parecían aquellas cuatro paredes y sus cimientos.

—Es como si fuera una sinfonía incompleta —le contesté.

Pero mamá consiguió reunir, poco a poco, cinco libras, y el trabajo pudo reanudarse. A mí me nombraron "capataz", y, de vez en cuando, les indicaba mis preferencias en las distintas partes de la edificación y dónde quería que me pusieran la chimenea, la ventana o la puerta. Se produjeron bastantes discusiones entre papá y mis hermanos por detalles técnicos que yo no alcanzaba a comprender, aunque intentase aparentar lo contrario mientras escuchaba su conversación.

Pocos meses después pusieron el tejado y el techo. Pero otra vez se acabó el dinero, y la "operación casa" volvió a interrumpirse.

Cuando las circunstancias fueron más prometedoras, hicieron el suelo y una chimenea de piedra, y a continuación los marcos de la ventanas y la puerta. Y como la chimenea ya estaba acabada, pronto pudimos encender fuego. La construcción iba tomando forma; se pusieron por etapas los cristales de las ventanas, se enyesaron las paredes y hasta se colocó en el suelo el rodapié. El edificio estaba ya prácticamente terminado.

Pero todavía tenía el aspecto de una especie de sótano, porque carecía de mi toque particular. Le faltaban los muebles para darle vida.

El mobiliario se iría instalando poco apoco: un diván, una cama, una mesa y algunas sillas. Mi cuñado, que era carpintero, me hizo un magnífico escritorio para guardar mis cosas. Se puso el suelo de linóleo, se empapeló y se colgaron unas cortinas. Pocos días después quedaba instalada la electricidad y se pintaron las puertas y marcos de las ventanas. Y, por fin, estuvo listo para habitarlo.

Originariamente, la idea era construir un gimnasio, un espacio adecuado para mis ejercicios físicos, donde pudiera atenderme el doctor Warnants. Sin embargo, con el paso del tiempo, sería una sala de estar y de estudio, un lugar para leer, escribir y dormir. Por eso pedí que me hicieran estanterías, para ir llenándolas, poco a poco, de libros.

De esta manera me separé un tanto de mi familia, del bullicioso y movido ambiente de mi casa. Ya podía estar a gusto pintando y escribiendo, en completa libertad, sin necesidad de que nadie me martillease los oídos. En verano, me sentaba junto a una ventana abierta y me ponía a leer, con el único acompañamiento del alegre coro de los pájaros, y en invierno, aún era mejor, porque, entonces, me sentaba en la oscuridad, junto a la chimenea, observando el fulgor de las llamas moverse sobre las paredes y caer sobre las cubiertas de los libros de las estanterías, destacando sus rótulos dorados.

Mis lecturas seguían siendo pocas, y mi principal compañía eran los libros de Charles Dickens. Leí seis o siete obras suyas, una tras otra. Mi favorita era *David Copperfield,* que me leí lo menos tres veces, y siempre con idéntica ilusión. Pero el libro que más me impresionó fue el de los viajes del capitán Cook, que me regaló Mrs. Maguire por Navidad. Aún recuerdo mi fascinación por todo lo que leía sobre islas perdidas, naufragios, hordas de indígenas sanguinarios dando alaridos en la playa mientras un infortunado barco se debatía contra los escollos.

Las lecturas me hicieron soñar con viajar algún día a grandes ciudades de todo el mundo, conocer gente y admirar sitios desconocidos. Mi imaginación se mantenía muy ocupada en evocar representaciones mentales de ruinas de ciudades muertas, de selvas de vaporosa humedad, que cobraban vida propia, y de inmensos e impracticables desiertos de arena amarilla, bañados por un sol implacable.

Me divertía mucho con estos viajes imaginarios a través de las páginas de los libros. Mis lecturas, por muy breves y restringidas que fueran, me ayudaban a conocer algo más del mundo que había más allá de las cuatro paredes de mi sala de estudio.

Mientras, el doctor Warnants continuaba tratándome, y yo realizaba mayores progresos, al tener más amplitud de espacio para moverme. Mas el tratamiento de mi parálisis cerebral no podía estar muy avanzado, pues las causas de la enfermedad continuaban siendo desconocidas.

Un día, el doctor Collis me comentó que había pensado en enviarme a Londres, para que me viera su cuñada, la doctora Eirene Collis, una afamada especialista en parálisis cerebral. Quería conocer su opinión, y si yo sería capaz de responder al tratamiento antes de comenzar un programa de rehabilitación de mayor alcance. El doctor solicitaría que su cuñada me reconociera en el hospital de Middlesex y le diera su opinión sobre mis posibilidades de conseguir llevar una vida normal.

Tendría que viajar a Londres al cabo de pocos días, y el doctor Warnants, que iría por delante de mí, me recogería en el aeropuerto de Northolt para llevarme al hospital y visitar a Mrs.Collis. Mamá tendría que acompañarme.

Me di cuenta de que todo dependía de la decisión de Mrs. Collis, y que verdaderamente mi futuro estaba en sus manos. Si decidía que ya era demasiado tarde para recibir el tratamiento, volvería al mismo lugar en que me encontró el doctor Collis, otra vez a mi antigua vida de ociosidad y desesperación.

Pero si, por el contrario, la doctora llegaba a la conclusión de que podía responder de forma adecuada a ese tratamiento, mi existencia cobraría significado, tendría valores en los que apoyarse. Y así estaría en condiciones de derribar alguno de los muros que se interponían entre mí y la posibilidad de llevar una vida normal. Me hallaba ante un momento crucial de mi vida.

11.
VISITA RELÁMPAGO

EN LOS PRIMEROS días de enero de 1949 viajé en avión a Londres con mamá para visitar a Mrs. Collis. Solo teníamos la intención de estar un día. Pero en el transcurso de esas pocas horas mi vida entera cambió.

En casa creíamos que mamá se iba a poner algo nerviosa teniendo en cuenta que era su primer viaje en avión.

—Mejor sería que te llevaras tu libro de oraciones —bromeé—. Seguro que san Pedro está ansioso de que le hagas una visita.

Pero lo cierto es que no conocíamos del todo a mamá, porque se tomó lo del vuelo con bastante tranquilidad.

—Uno se puede morir igual en la tierra que en el aire —sentenció. Y al día siguiente se fue a comprar un sombrero nuevo.

—Esto es para llevármelo a Londres —exclamó, probándose el sombrero ante el espejo—. Lo compré en la tienda de Clery. ¿Os gusta?

Papá miraba el sombrero desde todos los ángulos, después se detuvo por un instante, y, con una mirada escéptica, se rascó la cabeza y dijo:

—No está mal. Es bastante... artístico. Pero dime: ¿qué se supone que es?

Era un sombrero de raso negro, con una exagerada cantidad de plumas y un velo oscuro.

—Demasiado subido de tono—dijo, inesperadamente, Peter—. La gente pensará que eres un pavo real.

A pesar de todo, mamá estrenó el sombrero nuevo el día que viajamos a Londres, y esbozó una sonrisa triunfal cuando el doctor Collis le dijo que le gustaba.

Yo creía ser ya un veterano de los vuelos en avión, pero me mareé mucho durante la travesía, y por unos instantes pensé que iba a morir. Entonces una azafata se detuvo a mi lado, para preguntarme si quería unas pastillas para el mareo; me dijo que llevaba algunas en su bolso.

La miré y, de forma inmediata, el tremendo dolor de cabeza desapareció. Ya no me hicieron falta las pastillas, y hasta me olvidé del mareo al tomarme ella el pulso. Era una azafata maravillosa...

Llegamos a Northolt a las once en punto de una mañana fría y radiante de sábado. El doctor Warnants estaba allí para recibirnos, y me ayudó a subirme sobre sus hombros para entrar en el taxi que nos estaba esperando. Pero a mí no me gustaba ir subido encima de nadie, porque pensaba que era un tanto humillante, y me hacía sentirme ridículo. Hubiera preferido arrastrarme yo mismo hasta el taxi.

Nos encaminamos hasta el hospital de Middlesex. Yo miraba por la ventanilla, mientras el coche hacía el recorrido entre el tráfico de Londres, y contemplaba a la multitud agolpándose junto a los escaparates, y el incesante fluir de autobuses rojos y motocicletas. Toda una oleada de bullicio y movimiento. Observé también altos y enormes edificios, de color gris, proyectados contra un cielo azul, cubierto de humo. Y por encima se elevaban todos los ruidos característicos del centro de una gran ciudad.

Enseguida divisé al fondo una pequeña extensión de terreno de un verde intenso. Vi que se trataba de un parque, con preciosos árboles en sus extremos.

—Regent's Park —precisó el doctor Warnants, al tiempo que lo atravesábamos.

Me recordó el viejo Phoenix Park de Dublín y mis agradables paseos de infancia, en compañía de mis hermanos, por los verdes prados de Donnelly's Hollow. Hacía ya bastantes años, cuando aquel niño feliz que era yo vivía en su universo particular. Ahora, a los dieciocho años, estaba recorriendo las calles londinenses, de camino hacia una cita que iba a ser breve. Permanecí callado y continué mirando, con gran atención, desde la ventanilla. Sabía que, dentro de poco tiempo, iba a descubrir el rumbo que habría de tomar mi futuro. Verdaderamente tenía muchas ganas de conocerlo, pero también tenía miedo de averiguar las importantes consecuencias que ello me depararía. Mas ya no tenía alternativa: o salía a flote o me hundía para siempre.

Por fin, el taxi se detuvo frente a un enorme edificio de piedra con muchos escalones. Había llegado a mi destino, el hospital Middlesex. Después subimos en un ascensor hasta una pequeña sala de consultas para esperar a Mrs. Collis. El doctor Warnants me ayudó a sentarme.

—¿Estás asustado? —me preguntó, señalando a una diminuta estatua de metal que estaba sobre la repisa de la chimenea.

Yo me limité a sacudir la cabeza.

—¿Sabes? —continuó sin dejar de mirarme—. Estás asustado, pero eres demasiado testarudo para reconocerlo. Eso está bien.

Por el contrario, mamá se sentía perfectamente, se sentó, y se puso a hojear las revistas que había encima de una mesa, y hasta se comió algunos sandwiches de jamón que se había traído. Era la primera vez que salía de Dublín, pero su aspecto era tranquilo, y no le faltaba el buen humor, como si se hallara en su cocina preparando tostadas para el té.

Pero, aunque ella no lo manifestase, yo sabía muy bien que en su interior tenía mis mismas emociones y pensamientos, porque era capaz de entender, casi tan bien como yo mismo, lo que aquella visita representaba, y cómo mi vida entera podía quedar marcada por sus consecuencias. Sin necesidad de palabras de aliento por su parte, me transmitió una buena dosis de su energía y valor para hacer frente a lo que fuera.

De pronto, una puerta se abrió, y vi entrar a un hombre y a una mujer. Mi vista se centró en ella. Era una mujer diminuta y delgada, de cabellos grises, rostro agradable y andar pausado. Supuse que debía ser Mrs. Collis, y con su sola presencia, todas mis dudas y temores se desvanecieron, porque había algo en ella —su simpatía, su naturalidad y su aire tranquilo— que me daba seguridad y me hacía sentirme dueño de mí mismo, sin importarme cuál pudiera ser su resolución respecto a mí.

—Siento llegar tarde —nos dijo, sentándose en su escritorio y encendiendo un cigarrillo.

Por unos instantes pareció no prestarme atención, y se puso a charlar de cosas tales como el tiempo, el precio del tabaco o Churchill. Luego apagó el cigarrillo, se levantó de la mesa y llegó hasta mí.

—Solo estaba dando tiempo a que te relajaras, Christy —me dijo—. ¿Qué años tienes? —me preguntó, y cuando mamá intentó decírselo, ella levantó la mano y dijo con toda amabilidad—: Deje que Christy lo diga él solo.

Me las arreglé por medio de mis gruñidos para decir que tenía dieciocho años.

—¿Dieciocho? —repuso Mrs. Collis—. Dieciocho años es ya bastante. ¿No crees que ya va siendo hora de hacer algo?

Asentí con la cabeza. —¡Yo también! —dijo—. Bien, vamos a ver qué podemos hacer por ti.

Entonces se dirigió al hombre con el que había entrado en la sala. Era joven, de baja estatura y pelirrojo.

—Les presento a Mr. Gallagher. Es de nuestro equipo.

Al poco tiempo nos haríamos muy buenos amigos Mr. Gallagher y yo. Me ayudaría mucho en mis trabajos, y su nombre para mí se convirtió en sinónimo de amistad y comprensión.

Tras despojarme de la ropa, me colocaron sobre un sofá, y Mrs. Collis procedió a reconocerme, ayudada por el doctor Warnants y Mr. Gallagher. La mitad del tiempo no acababa de entender de qué hablaban. Únicamente pude captar palabras tales como "cerebro", "ganglios basales", "incoordinación" y otras muchas palabras para mí misteriosas, que no alcanzaba a descifrar. Mrs. Collis pidió a mamá que le explicara los principales detalles de mi historia clínica, al tiempo que me reconocía.

Terminado el reconocimiento, Mr. Gallagher me ayudó a vestirme. A continuación, los cuatro —Mrs.

Collis, el doctor Warnants, Mr. Gallagher y mi madre–
se retiraron al lado opuesto de la sala, para deliberar un
buen rato. Yo me quedé sentado en el sofá. El corazón
me latía con intensidad, y aguardaba, nervioso, el resultado. Estaba empapado en sudor. Era como si estuviera
en juego mi propia vida.

Mrs. Collis se acercó muy despacio, y se sentó a
mi lado.

–Bueno, Christy. No has hecho el viaje en vano.
No encuentro ninguna razón para que, con el paso del
tiempo, no te puedas curar.

Sentí que mi corazón saltaba de alegría. ¡Me iba a
curar! ¿Qué podía importarme todo lo demás? Pasé de
la pena y amargura a un sentimiento de felicidad que
iluminó mi rostro e hizo que mi corazón latiera más
intensamente. ¡Lo iba a conseguir!

–Sí –prosiguió Mrs. Collis–. Te podrás curar siempre y cuando te esfuerces en ello en los años venideros.
Pero –y aquí se detuvo por un momento, mirándome
fijamente– tú tendrás que someterte a un gran sacrificio, absolutamente indispensable, y es que no debes
volver a usar el pie izquierdo.

¡Mi pie izquierdo! Él lo significaba todo para mí.
Solo podía hablar y realizar mis creaciones con él. Era mi
único medio de comunicación con el exterior, mi única
manera de llegar a otras personas y hacerme entender. El
resto de mi cuerpo era inútil, y solo uno de mis miembros, el pie izquierdo, era lo único que parecía funcionar.
Sin él, me encontraba perdido, mudo, impotente.

–Sí, ya sé que es difícil –añadió la doctora, haciéndose eco de mis pensamientos–. Es un sacrificio tremendo. Pero es la única forma, no existe otra. Si sigues
utilizando el pie izquierdo, puede que algún día llegues

a ser un gran escritor o un gran artista, pero nunca te curarás. Nunca podrás hablar, caminar o usar las manos, y sin hacer todas estas cosas, no podrás llevar una vida normal. Así que, tranquilízate, y dime que no volverás a usar el pie izquierdo.

Comprendí lo que me quería decir. No había lugar para las medias tintas. Me iba a embarcar en una lucha, para la que necesitaría todas mis energías, y, si quería ganar, tenía que poner toda la carne en el asador. Debería pagar un coste muy alto, quizás de lo más cruel, pero la ganancia obtenida seria muchísimo mayor. Resultaría horrible, pero al final yo alcanzaría la victoria.

—Así lo haré —dije a Mrs. Collis, y aquellas resultaron las palabras más inteligibles que jamás pronunciara.

Me tomó de la mano y me la estrechó.

—Eres un buen muchacho. No te resultará fácil. Debes concentrarte en las tareas que te vamos a encomendar, pese a que te resulte todo lento, muy, muy lento, sobre todo a tu edad. Pero el primer paso ya lo hemos dado. El resto depende de ti.

Yo ignoraba por qué tenía que dejar de usar mi pie, pero Mrs, Collis me lo explicaría más tarde. Me dijo que, aunque usar el pie había sido bueno, porque proporcionó una vía de escape a mi inteligencia aprisionada, desde el punto de vista físico no lo era, porque usarlo suponía un gran esfuerzo para el resto de mi organismo, pues, aunque me aliviara de las tensiones, el estado de mis prácticamente atrofiados músculos iba a peor. Y es que, desde el momento en que me pude hacer entender por medio del pie izquierdo, ya no se me ocurrió intentar utilizar las manos. Así que, si ya no podía hacer uso de él, me vería obligado a hacer uso del resto de mi cuerpo.

Supuse que todo era bastante lógico, lleno de verdad y pleno de sentido. Pero había una gran diferencia entre el dicho y el hecho, la diferencia que hay entre pensar en hacer las cosas y ponerlas realmente en práctica. Ya no solo era cuestión de mantener mi pie izquierdo dentro del zapato. El asunto era bastante más grave. Tenía la sensación de que yo mismo me iba a encerrar y arrojar lejos la llave.

Pero, ¿qué otra cosa podía hacer? Si no tenía la suficiente valentía, el pasado volvería sobre mí con todo su pesimismo y amargura, semejante a un sombrío y nublado cielo invernal. Si tomaba la decisión de "cortarme" el pie izquierdo, abriría el camino hacia una nueva existencia, con un modo también nuevo de pensar y actuar, pero que daría pleno valor a cualquier sacrificio.

Aquella misma noche tomamos el avión de regreso a Dublin, y el doctor Collis nos fue a recibir al aeropuerto para llevarnos a casa en su coche. Parece ser que Mrs. Collis ya había hablado con él por teléfono y parecía sentirse satisfecho por las noticias. Me dijo, asimismo, que recientemente había constituido una clínica para el tratamiento de la parálisis cerebral, en Merrion Street, en Dublín. La Orden de Malta y la brigada de ambulancias de Saint John habían accedido a facilitar medios de transporte para los niños disminuidos, con un horario de nueve a doce de la mañana. Así que, a partir del martes siguiente por la mañana, yo también tendría que esperar a que me recogiera una ambulancia.

—No hay nada que tú no puedas conseguir, Christy —me dijo, poniéndome la mano en el hombro—. Y recuerda que yo estoy aquí para ayudarte.

Mas yo sabía bien que mi primera tarea tendría que ser vencerme a mí mismo, y que la auténtica batalla aún no había hecho más que empezar.

12.
LO QUE PODÍA HABER SIDO

ESTABA MUY NERVIOSO ante la perspectiva de ir por primera vez a la clínica. No tenía ni idea de cómo podía ser. Me la imaginaba con frías paredes de mármol, gente vestida de blanco y un continuo olor a desinfectante.

Aquella mañana de lunes en que la ambulancia de Saint John llegó a la puerta de nuestra casa, alrededor de las nueve y media, la observé desde mi ventana, con no poca aprensión. Las ambulancias eran algo que yo asociaba con funerales, algo sombrío, que producía escalofríos, siempre lleno de cuerpos exangües.

Sin embargo, el conductor de aquella ambulancia era un hombre muy simpático, que ayudó a papá a llevarme. Eso me quitó un poco el miedo. Tan pronto me senté eché un vistazo a mis compañeros de viaje. Yo era con mucho el mayor de todos. A mi lado, en una camilla, yacía un muchacho, no más que un niño, con los brazos rígidos, las piernas encorvadas y la cabeza ladeada. Junto a él, estaba sentada una muchachita, de cabellos rubios, brillantes y ojos grandes. Era bastante guapa, pero sus piernas eran raquíticas y deformes, tenía los huesos salidos, y sus manos, inquietas y temblorosas, eran muy similares a las mías, aunque algo más pequeñas y quebradizas. Mantenía, en todo momento, una expresión sonriente, y se quitaba, de vez en cuando, con la mano sus rubios tirabuzones de sus ojos. Detrás de mí estaba una chica completamente inerte.

Sus facciones parecían congeladas, y solamente sus ojos mostraban expresividad, pues se movían incesantemente hacia todos los lados. Aquellos ojos eran la única chispa de vida que le quedaba, algo semejante a dos únicas ventanas iluminadas en una casa a oscuras.

La ambulancia llegó a Merrion Street, y se detuvo frente a un enorme edificio de color grisáceo. Miré por la ventanilla. Era una calle ancha y alargada, con impresionantes edificaciones a cada lado. Allí, el zumbido del tráfico era casi constante. Los transeúntes daban la impresión de ser gente muy ocupada, como si se dispusieran a acudir a importantes reuniones. Esto no era tan extraño como pudiera parecer, porque luego me enteré de que en la acera de enfrente se encontraban algunos edificios ministeriales, en los que se manejaban los complejos asuntos del gobierno del país.

El doctor Warnants bajaba por las escaleras del edificio ante el que estábamos parados. Su llegada me hizo sentirme más tranquilo.

Al no poder andar, no me agradó el hecho de que no hubiera allí un cochecito o una silla de ruedas para llevarme. Miré, inquisitivo, al doctor, y él me devolvió la mirada.

—Muchacho, voy a hacer para ti el papel de forzudo —me dijo, encogiéndose de hombros.

Después me agarró por las piernas y me subió a su espalda. Cuando subíamos escaleras arriba pude contemplar una plaquita dorada sobre la pared, en la que estaban inscritas las palabras: "Hospital Ortopédico de Dublín".

—¡Qué mal me suena eso! —me dije a mí mismo.

¿Qué podían significar aquellas palabras que me sonaban fatal? Desde mi posición, a hombros del doctor Warnants, era incapaz de distinguir claramente todo lo que me rodeaba, únicamente la vista constante del suelo y de la parte inferior de las paredes, lo que me hacía suponer que estábamos atravesando el edificio en sentido recto. Llegamos a un cruce de escaleras y, después, a un pasillo sumido en la penumbra, en cuya parte final había una puerta desvencijada, que él abrió, dejando entrar de nuevo la luz.

—Esta ha sido la primera parte del viaje—dijo el doctor con voz entrecortada—. Ahora vamos a la segunda.

Nos hallábamos en una pradera o algo similar, pues había césped a ambos lados del sendero de grava por el que me llevaba el doctor, y, al levantar la cabeza, pude ver toda clase de árboles. Mas no estaba en la forma adecuada para admirar este paisaje, ni tampoco para lo que estaba haciendo, pues notaba que se me había subido a la garganta el desayuno, que había tomado una hora antes, cada vez que mi acompañante daba un paso. Así que tenía que tomar precauciones para contenerme.

—Aquí se acaba este camino tan accidentado, Christy. ¡Ya era hora!—exclamó el doctor Warnants, con voz jadeante.

Tras conseguir que mi cabeza diera la vuelta, vi un edificio largo y angosto, construido de madera, que parecía ser un gimnasio. Cuando nos acercábamos, oí voces de niños, que no cesaban de chillar y lanzar risotadas.

El doctor empujó la puerta y, sin soltarme de sus hombros, penetramos en el interior. Al entrar, la intensidad de todo aquel alboroto me golpeó con una sensación casi física. Los niños gritaban y hacían toda clase de estruendos arrojando juguetes y todo lo que encontraban contra las paredes o contra el suelo. Daban puntapiés al vacío, pateaban y se arrastraban como cangrejos. Me resultó horrible. Cuando el doctor Warnants me depositó en el suelo, me puse a pensar si no me había equivocado de sitio, porque los niños que allí estaban no tendrían más de tres años. Era lo más parecido a una guardería. Aparte del doctor y yo, el único adulto presente era un hombre joven, al que reconocí como Mr. Gallagher. Me sonrió al verme, y pensé que era una persona que le echaba mucho valor.

—Esta mañana no tendrás sesión de tratamiento, Christy —me dijo el doctor, que pasó a mi lado, llevando a dos niños en brazos hasta el otro extremo de la sala—. Solo tendrás que relajarte y ver.

Y es que ya solo con mirar a mi alrededor estaba recibiendo el tratamiento. Aquello era una lección sobre el sufrimiento humano, una nueva y aterradora experiencia para alguien que solo muy tardíamente había contemplado el mundo más allá de las cuatro paredes de su propia casa.

A la luz de este aspecto de la vida, completamente nuevo para mí, lo que había visto en Lourdes era solo una sombra. Aquí, llegaba a la consumación de uno de mis presentimientos. Las personas con padecimientos físicos que conocí en la gruta de Lourdes eran todas mayores, hombres y mujeres ya crecidos, algunos con bastantes dolores, por supuesto, con unas vidas que antes o después se habían ido a pique, pero que aún eran capaces de ser conscientes de su propio dolor o, al menos, acostumbrarse a él. Pero aquí eso no se daba —no había ese tipo de raciocinio, solo indefensión y bastante horror ante la forma en que se retorcían aquellos niños de miembros deformes, de cabezas desproporcionadas y facciones monstruosas. Algunos se apiñaban en el suelo, inertes y sin señales de vida, a modo de sacos arrojados con descuido, a lo largo y ancho de la sala. Otros no cesaban de convulsionarse, con movimientos furiosos, unos movimientos que no dejaban de sacudir sus cuerpecitos, a modo de corriente eléctrica. Sus manitas estaban apretadas, sus piernas encorvadas y sus cabezas resultaban monstruosas. De repente, me puse a pensar que ese debía ser el aspecto que tuve cuando era niño.

Me resultaba fácil tenerles lástima, tan jóvenes e indefensos, asustados y con total dependencia de los demás, pero no lo hice, pues recordaba lo amargas que me resultaron las expresiones de lástima. En vez de compasión, empecé a sentir simpatía, afinidad con aquellos niños, una especie de vínculo que me capacitaba para vislumbrar y entender la auténtica personalidad existente más allá de aquellos rostros, de expresión casi grotesca. Era una especie de intuición fraternal, que me hacía ver, por encima de los huesos y músculos retorcidos, unos espíritus que también estaban aherrojados en una prisión. Yo no era, pues, el único encerrado tras los barrotes de una cárcel.

Aquel día, cuando volví a casa, toda mi familia estaba deseosa de conocer mis impresiones sobre la clínica. Pero apenas pude decirle nada, porque lo que había visto y experimentado no se podía expresar con palabras.

Después de una semana de acudir a la clínica, el doctor Warnants dispuso que se me aplicasen, poco a poco, las técnicas del tratamiento. Eran exactamente igual a las que había recibido en casa, con la única diferencia de su mayor duración y de una organización más concienzuda. En la clínica, los ejercicios eran más minuciosos y resultaban más difíciles de realizar. Para ser sincero, debo confesar que, al principio, me sentía como un imbécil cuando los hacía; pensaba que tenía una facha ridícula, sentado entre aquellos niños y haciendo lo mismo que ellos. De hecho, tenía la sensación de ser como un elefante rodeado de gatitos.

Con frecuencia, al arrastrarme sobre el estómago, entre los demás niños —formaba parte de los ejercicios y me estaba prohibido desplazarme de otro modo—, me detenía bruscamente, como si por primera vez fuera consciente de todo lo que había a mi alrededor, y observaba con detenimiento aquellas formas inertes y retorcidas que yacían en el suelo, y también los rostros del doctor Warnants y de Mr. Gallagher, inclinados junto a los niños. Veía, asimismo, el techo, con sus travesaños oscuros, las paredes de madera y sus ventanales, por los que se filtraban retazos de cielo azul, nubes blanquecinas y el verdor de los árboles del jardín. Al ver todo aquello, me preguntaba a mí mismo: "¿Qué estas haciendo aquí, Christy Brown? ¿Qué supone todo esto para ti, este lugar que llaman clínica, esos médicos en mangas de camisa, esos niños lisiados de cuerpos retorcidos y cabezas deformes? ¿Qué tienes que ver con todo esto? ¿Por qué estás en este lugar tan extraño, en vez de estar escribiendo en tu habitación?".

Sí, era verdad: todavía no me había adaptado al mundo exterior. Aún no era capaz de comprender sus realidades, pero lo cierto es que ya formaba parte de aquel nuevo, desconcertante y agitado mundo compuesto por personas y lugares. Mi situación era similar a la de un hombre de las cavernas que hubiera estado encerrado durante años en la oscuridad de su reducido refugio particular, y ahora de repente lo empujaran al hervidero del mundo exterior, con la mirada de asombro y deslumbrado por la luz del día que lo cegaba para comprender aquella repentina revelación.

Muchas veces, sentado en el suelo y con la mirada perdida, notaba cómo un dedo de pie me rozaba por detrás. Me volvía y veía junto a mí al doctor Warnants.

—¡Otra vez soñando despierto! —me decía—. ¿Estás pensando en todos los libros que vas a escribir algún día? ¡Deja ya eso, muchacho! Aquí has venido para hacer una tarea, ¿sabes?

Claro que sabía que tenía que hacer una tarea, ¡y qué tarea! Algo que no podía hacer ni en un año, ni en dos, ni en cinco, una tarea que me ocuparía toda la vida. Estaba totalmente convencido. Y ya no me podía detener y pararme a pensar en todo lo que me sucedió antes de ser consciente de que debía realizar esa tarea. No me ayudaba demasiado pensar de vez en cuando en los días del pasado, no en los que fueron buenos para mí, sino en los días peores, cuando nada tenía que esperar de la vida, nada que aliviara los padecimientos del presente inmediato o arrojara luz sobre la oscuridad de un futuro aún distante, nada más que el dolor y la angustia que se incrementaban conforme me hacía consciente de mi situación. Era incapaz de entender el sufrimiento, y lo odiaba.

Era verdad. Sentía odio y desprecio por mi propio sufrimiento. Me atormentaba y rebelaba ante el mero hecho de pensar que yo había sido creado diferente —y con una diferencia cruel— de las otras personas. Todavía estaba lejos de darme cuenta de que mi sufrimiento —que en los peores instantes identificaba con una maldición de Dios— sería precisamente lo que iba a dar a mi vida un atractivo peculiar.

Algo importante para mí sucedió cuando llevaba casi un año de tratamiento en la clínica. Era una hermosa mañana primaveral de abril, y la clínica se disponía a cerrar hasta el día siguiente. Los enfermeros habían llevado a los niños hasta las ambulancias, y yo era el último que quedaba por salir. Permanecía sentado en una vieja y desvencijada silla de ruedas con la que acostumbraban a trasladarme. Me encontraba en la puerta disfrutando del cálido sol de primavera y contemplando un césped ya totalmente verde y esclarecido. Escuchaba hasta el susurro de las ramas de los árboles mecidas por una ligera corriente de aire. Todo estaba en silencio, y ya no había nadie en las dependencias de la clínica, aunque aún no habían venido para llevarme a la ambulancia.

De repente oí un rumor que procedía del otro extremo del sendero de grava. Eran unos pasos muy ligeros. Miré en dirección al suelo, donde momentos antes había estado esparciendo distraídamente con el pie algunas hojas caídas. Vi que algo rojo se movía, a lo lejos, entre los árboles del sendero. Luego, una figura dobló una curva, apareciendo ante mis ojos. Era una muchacha. Rápidamente incliné la cabeza, y me puse con ahínco a apartar a puntapiés las hojas de un lado para otro. Los pasos se acercaban cada vez más. Pensé que ya tenía que estar muy cerca. No quería mirarla porque tendría que hablarle, y me daba vergüenza no poder hacerlo como una persona normal. "No seas tonto", me repetí.

Levanté tímidamente la cabeza cuando la desconocida estaba a pocos metros de mí. Fue como una visión. Las hojas verdes de los árboles hacían de fondo y la sombra de sus ramas se reflejaba sobre la hierba cubierta de rocío. El sol se filtraba entre los cabellos rubios de la chica, de manera que parecía envolverlos en un halo. La intensidad del sol en torno a ella casi me cegaba.

Mientras se aproximaba, la vi mejor. Debía superar un poco el peso medio, sus cabellos eran oscuros y sus ojos verdes. Sus facciones tenían una belleza casi clásica, tan bien definidas y tan delicadamente cinceladas que parecían arrancadas de un bloque de mármol. En aquella mañana primaveral, sus mejillas denotaban tal lozanía y sus ojos tal serenidad que yo no podía sino contemplarla una y otra vez. Eso no resultaba muy cortés por mi parte, pero no sabía hacia dónde mirar. Y me dije, de forma rotunda, mientras se acercaba: "Es la chica más bonita que he visto en mi vida".

Como ella no veía a nadie, excepto a mí, empezó a dudar por un momento, pero, luego, se acercó hasta mi silla, con decisión.

—¿Está Mr. Gallagher, por favor? —me preguntó sonriendo.

Yo tenía una especie de nudo en la garganta, y no era solo por mi dificultad en el habla. Por fin, pude balbucir que Mr. Gallagher estaría de vuelta enseguida, y ella volvió a sonreírme, para pasar después conmigo al interior de la clínica.

Pasó una semana, y ya había perdido la esperanza de volverla a ver, cuando, un jueves por la mañana, al entrar en la clínica, lo primero que vi tras entrar por la puerta fue a la misma chica, de rodillas en el suelo junto a uno de los niños, quitándole el abrigo.

Conforme transcurrieron los días, me fui enterando de algunas cosas respecto a ella: era licenciada universitaria —lo que me impresionó un poco al principio—, procedía de Galway y se llamaba Sheila.

Me senté en un rincón y no dejé de contemplar cómo el pelo le resbalaba por la cara al arrodillarse para hablar con los niños, y que se lo apartaba con un movimiento de su brazo. Cuando, de improviso, me devolvió la mirada, volví la cabeza un tanto avergonzado y me puse a canturrear.

A la mañana siguiente me sentía deprimido, apoyado contra la pared, con los ojos alicaídos y hundido en el hoyo del más negro pesimismo. Volvía a deslizarme hacia mis antiguas depresiones, que regresaban desde el pasado para atormentarme.

—Ánimo, Christy.

Me volví bruscamente y me encontré con Sheila, que me enviaba un gesto de ánimo desde mitad de la sala. Su sola sonrisa bastó para quitarme la depresión.

Después de aquello empezaríamos a conocernos muy bien el uno al otro. Y yo hacía mis ejercicios con un entusiasmo mucho mayor. Hasta que una mañana, echándole valor, le entregué una carta que yo mismo había dictado a uno de mis hermanos la noche anterior. Ella se la llevó a casa, la leyó, y me trajo la respuesta a la mañana siguiente.

Como era de esperar, no tardé en contestarla, y de este modo iniciamos nuestra correspondencia. Gracias a ello encontré una forma de derribar una de las más grandes barreras, si no la más grande, de las que se interponían entre mí y los demás: la gran barrera del lenguaje. Desde ahora, lo que no pudiera decir con mis labios lo expresaría por medio del papel.

Iba a escalar, ladrillo a ladrillo, el muro que se cernía a mi alrededor. Escalarlo, desencajarlo… pero, ¿qué había detrás de aquel muro? La gente hablaba, por lo general, de "libertad", "emancipación" y "excarcelación", aplicándolo a padecimientos físicos. Pero me di cuenta de que no solo era cuestión de superar una dificultad y luchar con coraje, ni tampoco dar una palmadita en la espalda a los obstáculos y decirles hasta luego. Si ello significaba valerse por sí mismo desde el punto de vista físico, estaba de acuerdo; pero si consistía en liberarse de los problemas mentales y emocionales, no lo estaba en absoluto. "Libertad" y "liberación" eran solo palabras bonitas, vacías de contenido. Ahora tenía ocasión de conocer que las amarguras y dolores vividos en el pasado no eran nada comparados con los que estaba sintiendo al tratar de liberarme de mis cadenas, después de que mi antigua desesperación fuera sustituida por una mínima probabilidad de curación. Los temores que padecía ahora eran lo que algunas personas inteligentes disfrazan con expresiones como "despertar" o "esclarecimiento". No se trataba de la clásica tristeza infantil, que venía y desaparecía como lluvia pasajera, sino el sufrimiento de una persona adulta que, aunque también oscilara, me dejaba una impresión más profunda, una huella más duradera en mi estado de ánimo. Me dominaba una inmensa y persistente tristeza al percatarme cada vez más de mis propias limitaciones, y eso mismo me daba miedo. Pero mis temores aumentaban al comprobar que no era posible darles solución, que, aunque pudiera superar alguna vez mis limitaciones físicas, mi vida íntima, la de mis emociones, la que realmente me importaba, nunca podría ser una vida auténticamente "normal". No me quedaba más alternativa que encerrarme en mi caparazón, eliminando toda forma de expresividad.

Con el paso del tiempo, y gracias a la ayuda de la clínica, podría superarme a mí mismo, para llevar una vida normal o, al menos, lo más parecido a ella. Pero, en mi interior faltaba algo, algo para completar todas las piezas de mi rompecabezas o dar por finalizado mi cuadro. Pese a todo, mis padecimientos no eran "incurables". Mas sí lo era mi falta de expresividad y capacidad para relacionarme "de forma normal". Por mucho que pudiera vencer mis limitaciones, nunca sería una persona normal. Las "diferencias" siempre permanecerían conmigo. Quería de un modo verdaderamente desesperado amar y ser amado, pero...

Aquello fue una amarga constatación, pero verdadera y necesaria. ¿Qué sacaría cerrando los ojos a la realidad y dando la espalda a lo que no me resultaba agradable? Muchas veces traté de hacerlo, pero con ello solo conseguía retrasar la lucha definitiva que, un día u otro, tendría que llevar a cabo, y, aunque eso me hiciera sentirme triste y pesimista, al final me serviría para adquirir fortaleza. Ya que no podía ser como los demás, al menos sería tal y como era entregando lo mejor de mí mismo.

A la larga, Sheila fue la mejor amiga que pude encontrar. Era el espejo en que podía mirarme sin sentirme contrariado. Venía a ser como la primera etapa de mi vida de adulto, y gracias a ella aprendí a seguir mi camino sin tropezar en obstáculos. Nos escribíamos con bastante frecuencia. Las mías eran cartas llenas de ensueños e imaginaciones; las suyas, por el contrario, estaban llenas de sentido común:

"En una de tus cartas, me dices que hay gente que te considera un héroe, pero que tú no te sientes eso en absoluto. Yo tampoco estoy demasiado segura de que lo seas, pero te diré lo que pienso de ti: Dios te dio una gran inteligencia, y también dotes artísticas. Te dio, además, una incapacidad física. Con las aptitudes mentales que posees es inevitable tu lucha contra la parálisis cerebral... Acuérdate también de tu madre; sin su buen criterio podrías haberte vuelto un chico más antipático, de esos que siempre hablan de 'lo que podía haber sido'...".

Conservo una cajita, de color marrón, en mi sala de estudio, en la que guardo celosamente todas las cartas que Sheila me escribía, atadas con una cinta amarilla. Son treinta y dos, en total... Las conté el otro día.

13.
LA PLUMA

MIS EXPERIENCIAS EN la clínica y lo que trajeron consigo tuvieron el efecto de alimentar mi inspiración. Lo mismo que si un telón se alzara de repente ante mi vista, hallé la clave de algo que, durante mucho tiempo, me había atormentado.

Lo que yo quería expresar no iría dirigido únicamente a mi familia y a mis amigos, sino que deseaba llegar a muchas más personas. En mi interior había algo, algo que tenía prisa por soltar, comunicándoselo a otros, y conseguir que me entendieran. Y por fin tenía la impresión de haberlo encontrado, después de buscarlo durante toda mi vida. Me llevó años, pero al final lo encontré, y quería pregonarlo a los cuatro vientos, para que mis mensajes llegaran al corazón de todos.

No era algo relacionado conmigo mismo, sino con aquellas personas que llevaban una vida semejante a la mía, una vida sin horizonte, aprisionada por gruesos muros. Creí encontrar el modo de saltarlos y derribarlos, el modo de hallar un lugar en la sociedad y poder desempeñar un papel al lado de las personas físicamente capacitadas.

Pero ¿de qué forma podría expresar lo que quería comunicar para que se enterara todo el mundo? Mis manos no me servían para ello, pues siempre estaban retorcidas, sin dominio alguno para agarrar o sostener cualquier objeto. Tampoco me eran de utilidad los labios para manifestar todos los pensamientos que zumbaban en mi cerebro de forma semejante a un enjambre de abejas, pues era incapaz de hablar con un lenguaje inteligible fuera del círculo familiar. Era, pues, un mudo, condenado a un eterno silencio.

¿Y qué iba a pasar con mi viejo y leal amigo, el pie izquierdo? El pie que tan buenos servicios me había prestado y que fue mi principal arma contra el desánimo en el pasado. ¿Por qué ya no podría usarlo?

No me era posible. No podía faltar a la promesa que hice a Mrs. Collis. La estaría traicionando, si lo hiciera, y, además, la decisión que había tomado debía mantenerla hasta el final.

Pero no era solo un exasperante sentido de la fidelidad a la palabra lo que me impedía usar el pie izquierdo. Estaba, además, el temor de no tener el coraje suficiente para vencer la tentación. Y era porque sabía que, si empezaba a usarlo de nuevo, me encontraría mejor y aumentarían mis posibilidades de llevar una vida más activa, ya que no del todo normal. Mi pie estaba maniatado y fuera de juego, y no iba a utilizarlo otra vez. El hacerlo equivaldría a rendirme, y aún no estaba dispuesto a sacar la bandera blanca.

Tenía la sensación de estar en un callejón sin salida; por donde quiera que fuese, los caminos estaban cortados.

Hasta que, repentinamente, tuve una inspiración. Una tarde que estaba sentado en la cocina, pensando de qué modo expresar todas mis inquietudes sobre el papel, advertí que uno de mis hermanos estaba en la mesa con una pluma en la mano y su libro de caligrafía. Era Eamonn, que por entonces tenía doce años. Estaba haciendo los deberes —una redacción en inglés—, y por la expresión que pude apreciar en su rostro no estaba muy contento. Ante la perspectiva de mi hermano escribiendo sin saber qué poner, y yo, con la cabeza repleta de ideas e incapacitado para sujetar una pluma con la mano, casi me dieron ganas de saltar de la silla como un loco.

En lugar de eso, me incorporé para preguntarle qué estaba haciendo.

—Intento escribir una redacción para el colegio —me respondió Eamonn—. Me ganaré un cachete si no la hago bien.

Entonces vi mi oportunidad. Le dije que le ayudaría, a condición de que me hiciera un favor.

—Claro que sí —dijo muy satisfecho—. ¿Qué quieres que haga por ti?

—Escribir por mí —le contesté de inmediato.

Se puso serio.

—Pero si no puedo escribir ni yo —protestó—. Ni siquiera sabría qué poner.

—Serás tonto... —repuse—. Solo tienes que sujetar la pluma, y yo te diré lo que tienes que escribir.

Mi hermano se mostraba vacilante ante la idea, le parecía algo muy complicado, y pensaba que detrás de todo aquello había gato encerrado. Pero también deseaba hacer una buena redacción, por lo que al final aceptó mis condiciones y yo le hice los deberes.

Cuando los terminamos fuimos a mi habitación, sacamos un taco de notas de un cajón y nos sentamos en la mesa, uno frente a otro.

—¿Qué quieres que te escriba? —me preguntó Eamonn espontáneamente y con la pluma en la mano.

Yo estaba mirando por la ventana las ramas de los árboles, que ondeaban bajo un luminoso cielo de primavera, y tras pensar un poco, me volví hacia mi hermanito, que me aguardaba impaciente.

—Mi biografía —respondí.

Mi pobre hermano dejó caer la pluma sobre la mesa, con gran estruendo.

—¿Tu... qué?

Se lo volví a repetir, y él permaneció callado durante largo rato. Por fin le convencí para que me escribiera durante tiempo indefinido. Y, sin más preparativos, dimos comienzo aquella misma tarde.

A los dieciocho años hice la primera tentativa de redactar mi autobiografía. Me salió algo muy "pesado", una verdadera selva de palabras de siete u ocho sílabas. Como mi principal lectura hasta entonces había sido Dickens, me imaginaba en mi falta de experiencia que mi obligación era imitar su forma de escribir, con el resultado de que el inglés que utilizaba era el de hace cincuenta años. Mis palabras y frases habrían agotado, en pocos segundos, la forma de expresarse de cualquier persona. Hacía tan largas las palabras, que me veía obligado a deletrearlas para que mi hermano pudiera escribirlas. Aún me pregunto cómo no nos dio una crisis nerviosa al escribir aquello. Me di por vencido, pero antes junté cientos de miles de palabras. Nuestra tarea acabaría por ser un tanto indolente, algo así como la corriente en un cable derretido. Y a mi hermano le dio, con frecuencia, el típico calambre de los escribientes. Antes de darnos cuenta habíamos escrito casi cuatrocientas páginas, y, de seguir así, el libro no se acabaría nunca.

El título de mi libro era bastante expresivo. Lo llamé "Recuerdos de un deficiente mental". Quise que fuera irónico, una bofetada en pleno rostro a los médicos que dudaron de mi estado mental.

El estilo era demasiado deslumbrante. A modo de ejemplo, en vez de calificarme a mí mismo de disminuido, me definí como una "desafortunada estadística de mortalidad" o también como un "maravilloso aborto". Cambiaba las palabras más sencillas por las más complicadas, simplemente con añadir un "ismo" al final; en vez de "derrota" decía "derrotismo", y de igual modo, utilizaba términos abstractos para expresar ideas sencillas, palabras como "inconcebilidad" si quería expresar algo que no podía suceder, "incongruente" para referirme a todo lo que no encajaba, y utilizaba la palabra "materialista" con frecuencia si lo que tenía en mente se refería a cosas hechas de forma irreflexiva o un tanto alegremente. Así, en mi deformada visión de la realidad, podía haber dicho que mi hermano Peter era un materialista porque prefería ir a fiestas y bailes en vez de leer a Dickens.

Hace algunos días encontré algunas hojas de mi primer manuscrito. En el primer capítulo describía mi vida infantil: "... me educaron en un ambiente de la clase obrera. Como todo el mundo sabe, la búsqueda de conocimientos literarios no es precisamente una característica de esta parte de la raza humana... el intelectualismo no la define precisamente".

¡Vayan ustedes a saber qué quería decir con estas frases!

En la página treinta aún seguía con el tema de la clase obrera: "Mientras sigamos admitiendo que las clases y diferencias sociales son necesarias para un desarrollo armonioso de la humanidad, habría que aceptar que tales separaciones se aplicaran en términos de moderación, para de esta manera evitar perjuicios innecesarios y tensiones sociales superfluas...".

¡Y todo eso lo escribí antes de tener idea sobre el significado del término "social"! Pero el problema no estaba en lo que quería expresar, la dificultad radicaba en la forma de hacerlo. No tenía aún un modo de transcribir mis pensamientos que fuera claro e inteligible. Por el contrario, convertía las redacciones más simples en las más complejas. Rara vez conseguía manifestar algo con una única frase. Empleaba tres o cuatro antes de darme por satisfecho, y, en más de una ocasión, gastaba párrafos enteros para dar forma a ideas bastante sencillas. No podía evitar las digresiones, o, como diría mi padre, "el irme por las ramas".

El pasaje que transcribo a continuación demuestra bien a las claras la influencia que tenía de Dickens. Es tan típicamente dickensiano que podría servir para la contraportada de uno de sus libros: "... cuando nos liberamos de la turbulenta y febril actividad cotidiana, caemos, sin ser por ello conscientes o desearlo, en un estado de ensoñación mezclado de pesares y alegrías... Todas las escenas de un pasado a la vez feliz y lloroso se agolpan en nuestro interior... Queremos revivir las penas y satisfacciones que hemos conocido... llenar de nuevo nuestras pequeñas vanidades y fantasías... Decirnos a nosotros mismos: este no era yo. ¡No puede ser que fuera tan atolondrado!... Pero el pasado nunca miente: es algo irrevocable. ¡Si no, qué gran cantidad de santos y ángeles habría en el mundo!".

¡Pensar que tenía dieciocho años cuando escribía estas cosas!

Las páginas escritas se fueron amontonando en un rincón. Yo seguía dictándole a mi hermano, hasta actuar de un modo maquinal, sin saber exactamente lo que estábamos haciendo. Era como dar vueltas en círculo. Tenía una difusa noción de cómo quería escribir mi biografía, pero tampoco sabía exactamente dónde quería llegar. Pero no paraba de dictar, y Eamonn seguía escribiendo todos los días. Mas el resultado era semejante a una intrincada selva de palabras en la que no hubiera ningún sendero señalizado.

Me imaginaba que algo no iba del todo bien. Antes de empezar a dictar, mis ideas estaban lo suficientemente claras, pero desde el momento en que comenzaba el dictado, se volvían confusas, se retorcían y circulaban por mi mente, a modo de hojas caídas, arrastradas por el viento de un lado a otro. Resultaba una tarea ardua atraparlas y retenerlas. Estaba a punto de volverme loco a causa de mi torpeza.

Me llamaba a mí mismo imbécil; y no ahorraba este calificativo para mi hermano. A todos los de casa les trataba también de imbéciles solo porque no eran capaces de escribir tal y como yo deseaba. Me estaba volviendo más y más irritable conforme el libro crecía en extensión. Cualquier cosa que se cruzara en mi camino la apartaba violentamente de un puntapié, y mi rabia era tal que a veces deseaba pegarle fuego a todo lo escrito, pero no tenía el valor suficiente para hacerlo. Era demasiado testarudo para darme por vencido. Estaba seguro de que podía llegar a escribir un libro magnífico, claro que sí...

¡Si por lo menos tuviera alguien que me aconsejara, que me enseñara a escribir de forma inteligible y constructiva, sin claros ni defectos! Debía ser alguien que supiera de lo que hablaba y que me guiara por caminos adecuados. Necesitaba una mano amiga; alguien que supiera combinar cerebro y corazón.

Pero ¿dónde encontrarlo, dónde hallar a mi hada madrina? ¡Desde luego, no en Kimmage! ¡En una casa habitada principalmente por albañiles! Ni mis hermanos sabían nada relacionado con la escritura, ni yo cómo colocar ladrillos.

No paraba de darle vueltas, pero no se me ocurría nada. Aquella labor era enteramente mía y debía continuarla yo solo, pese a mis grandes dificultades de expresión y a sentirme cada vez más desorientado.

Hasta que un día que estaba sentado junto a la ventana, con mi habitual mal humor y sin ganas de seguir dictando, me vino de improviso un nombre a la memoria que casi me hizo caerme de la silla: "Collis". Lo repetí en voz alta: "¡Collis!". Sin pensar en otra cosa, di un grito para llamar a Eamonn y le dije que sacara una tarjeta de un cajón, para enviársela de inmediato al doctor Collis. Sin más dilación le escribí esta pequeña nota:

"Querido doctor Collis, estoy intentando escribir un libro. Si no le importa, venga y ayúdeme, por favor. Christy Brown".

Solo después de echar la tarjeta al correo empecé a reflexionar sobre lo que había hecho. Hacía casi un año que no veía al doctor, desde mi vuelta de Londres. No sabía demasiado sobre él, salvo que era el fundador de la clínica y el presidente de la Asociación de Parálisis Cerebral de Irlanda. Y me había caído bien desde el instante en que le conocí. La primera vez que nos vimos no me sentí ni incómodo ni avergonzado en su presencia, lo que no era habitual en mí, porque llegaba a sentirme desplazado hasta con la gente con la que tenía confianza, incluyendo también a mi familia.

Pero, después de todo, ¿él no era médico? Sí, pero ya podía ser el mejor del mundo, porque si no me ayudaba a escribir... Más tarde me enteré de que, además de ser el doctor Collis, era Robert Collis, el autor, el hombre que escribiera una afamada obra de teatro, *Marrowbone Lane*, y *El vellocino de plata*, su propia autobiografía, entre otras obras.

Al día siguiente estaba en mi habitación, sentado junto a la chimenea y leyendo a mi viejo amigo Dickens, cuando la puerta se abrió repentinamente y entró el doctor Collis, con un montón de libros en un brazo y el maletín en el otro. Dejó los libros en mi cama y el maletín en el suelo.

—¡Hola! —me dijo, acercándose para sentarse en la silla del otro extremo de la mesa—. Recibí esta mañana tu llamada de auxilio. Así que te gusta escribir. Bueno, vamos a ver lo que has hecho.

Yo había guardado mis escritos debajo de la cama, dentro de un viejo maletín de cuero. Tras arrodillarse para recogerlo, el doctor lo abrió, sacó las hojas y las depositó en la mesa. Después se puso las gafas para leerlo.

Vi cómo sus cejas se levantaban tras leer la primera página, y que aumentaban de tamaño pasadas las dos siguientes. Luego se detuvo, y arrojó las páginas sobre la mesa.

—¡Qué demonios! —dijo.

Me miró fijamente, en espera de que supiera comprender su crítica. Yo me esforcé por adoptar una expresión impasible.

—El lenguaje que empleas es horrible. Quizás fuera muy popular en tiempos de la reina Victoria, pero lo que es ahora...

Me desmoralicé al oír esto, y me entró una especie de desesperación. Nunca podría realizar nada de lo que me propusiera, aunque fuera mi propia autobiografía. Era volver otra vez al punto de partida, pues quería hacer cosas y no sabía cómo. Mis sueños resultaban demasiado ambiciosos para convertirse en realidad. ¿Cómo iba a escribir un libro si me había pasado la vida entre cuatro paredes y sin pisar una escuela? Tenía que estar loco para pensar en algo semejante.

Esto era lo que pasaba por mi mente, mientras Robert Collis estaba sentado frente a mí, hojeando aquellas horrendas páginas. A veces hasta daba algún gruñido, y yo continuaba con la cabeza agachada.

De repente se detuvo otra vez y se incorporó en la silla. Le miré sorprendido, pues en su rostro había una sonrisa de aprobación.

—¡Bien! —exclamó, dando un puñetazo encima de la mesa—. Aquí has escrito una frase que me parece una rosa entre un montón de malas hierbas, una pequeña joya en medio de un pedregal. Eso me demuestra lo que serías capaz de escribir si supieras el modo de hacerlo. Y esto es lo que voy a averiguar.

A continuación se levantó para echar un vistazo a los escasos libros que había sobre las estanterías. Meneó la cabeza.

—Para escribir en un inglés moderno hay que leer en inglés moderno, Christy. Dickens está muy bien, pero... El gusto literario, como tantos otros gustos, cambia.

Me enseñó los libros que me había traído, esparciéndolos sobre la mesa. Había un libro de relatos cortos de L. A. G. Strong, dos de Sean O'Faolain, algunos de John Stewart y de Maurice Collis, así como seis ejemplares de una colección de literatura universal.

—Esto te enseñará a escribir en un buen inglés —me dijo.

Luego añadió que, si quería ser escritor, primero tenía que aprender a escribir. Escribir era tan difícil como pintar, y para dominar aquel arte había que practicarlo a fin de adquirir paulatinamente un estilo propio. Me dijo también que, a pesar de las dificultades que pudiera tener, algo había a mi favor: quería aprender a escribir. Estaba capacitado para ello, y eso era tan importante como poseer un estilo, porque podría ir desarrollando progresivamente mis capacidades. Y es que para hacer algo realmente bien hecho, a uno le tiene que gustar lo que está haciendo. Por muy hermoso que resultara un estilo, sería algo completamente inútil si detrás no hubiera algo más. Escribir de esta forma sería algo parecido a disfrutar de un sabor, pero sin ver la comida.

Después el doctor volvió a sentarse y tomó las hojas para examinarlas más concienzudamente. Durante algún tiempo permaneció en silencio. Se podía oír el chisporrotear del fuego, el tictac del reloj sobre la repisa de la chimenea y el débil sonido de las voces que llegaban desde la cocina a través del patio. Y, por fin, habló.

—Christy —me dijo, apoyando los codos en la mesa— todo esto —y señaló al montón de hojas— no ha sido en vano. Quizás sea imposible de leer, pero no ha sido una pérdida de tiempo. Aunque no hayas podido hacer otra cosa, al menos has adquirido bastante práctica para tu imaginación. Dime, ¿aún quieres escribir la historia de tu vida?

Se detuvo y me miró inquisitivo. Meneé con fuerza mi cabeza. ¡Por encima de todo quería escribirla!

—De acuerdo —continuó el doctor—, si es así, ya puedes empezar desde el principio. (Con sus palabras, empezaba a enseñarme. Luego me enteraría de que era profesor y tenía bastantes alumnos).

—Hay dos reglas principales, que son indispensables para escribir cualquier historia. Primera, debes tener una historia que contar, y segunda, debes contarla de tal modo que el lector tenga la sensación de estar viviéndola. Ahora, déjame darte unas indicaciones concretas: siempre que puedas utiliza frases cortas mejor que largas. Ya que has pintado cuadros con el pincel, tienes que hacer algo parecido con la pluma. Empieza a practicar. Limítate, por ejemplo, a describir esta habitación: tu silla, el cuadro de esa pared manchada, el espejo roto, tus libros, esa fotografía en color...

Nunca me olvidaré de sus consejos. Aquella noche, y las que siguieron, le escuché extasiado.

Antes de irse, se me acercó para estrecharme la mano. Yo sabía que estaba a punto de iniciarme en la más ardua de las tareas, pero con aquel hombre a mi lado estaba seguro de poder llevarla a cabo... Lo presentí mientras me estrechaba la mano.

14.
DIGNIDAD Y NO COMPASIÓN

COMO YA DIJE anteriormente, la clínica de Merrion Street era solo en realidad un largo y estrecho cobertizo que hacía de gimnasio, y que estaba situado en la parte trasera del Hospital Ortopédico de Dublín, aunque no se podía acceder fácilmente a ella. Además de su situación un tanto apartada, el espacio disponible era muy escaso. Todo estaba amontonado, hasta los niños. No había demasiado lugar para mobiliario, a excepción de un gran "tobogán" de madera, situado junto a una pared, y que llenaba casi por completo uno de los extremos de la sala. Este artilugio no servía únicamente para distracción de los niños; tenía también otra finalidad. Llevaba incorporado un pequeño tramo de escalera, con una especie de plataforma en lo alto. Con ello se daba a los niños la oportunidad de subir escaleras y de utilizar las manos agarrándose a las barandillas. De este modo, se les enseñaba a usar al mismo tiempo manos y pies, algo que la mayoría no podía hacer en circunstancias normales, salvo de manera nerviosa e irregular. Al tiempo que se deslizaban, aprendían a relajarse y a superar su temor al movimiento.

A pesar de todo, la clínica estaba empezando a masificarse —De continuar esto —dijo el doctor Warnants— tendremos que ponerlos a todos en el tejado.

No pocas veces la sala se parecía a un gran caos de tráfico, pues los niños vociferaban con una potencia mayor que doce bocinas sonando al mismo tiempo. ¡Era tan espantoso que a duras penas me podía concentrar!

La situación comenzaba a ser angustiosa, cuando un día me enteré de que nos íbamos a mudar a unos locales más amplios, instalados en el otro extremo de la ciudad. Sentí tener que dejar la vieja clínica, pero lo cierto es que resultaba demasiado pequeña. Allí había hecho muchos y buenos amigos. Me acordé de la primera mañana en que llegué: de las paredes de madera, de los grandes ventanales, de los árboles empapados por la lluvia de diciembre... y de Sheila.

Por aquel entonces dejamos de ver al doctor Warnants, que se marchó a trabajar al extranjero. Todos sentimos que se fuera, pero yo sabía que él tenía muchas ganas de ver mundo y que le resultaba necesario viajar a los lugares más apartados. La última vez que supimos de él se encontraba en Extremo Oriente, "asándose de calor en pleno mediodía", según nos dijo en una de sus cartas.

También Mr. Gallagher se marchó poco después, rumbo al Canadá. Y desapareció. Nunca he vuelto a saber nada de él. Apenas la clínica había comenzado a funcionar mejor, dos de sus empleados más capacitados se marcharon.

Una calurosa mañana veraniega de hace tres años nos trasladamos a la nueva clínica. Estaba en un lugar llamado Bull Alley Street. Al llegar, pude ver un gran edificio de ladrillo rojo, con esbeltos arcos y una especie de cúpula verde en lo alto. Tenía gran cantidad de ventanas en la fachada y barandillas de hierro forjado. En comparación con la antigua clínica, hasta resultaba lujosa.

Y por dentro estaba todavía mejor. En realidad, no éramos propietarios del edificio, solo habíamos alquilado tres habitaciones. Eran grandes, soleadas y llenas de espacio, para moverse con amplitud. El personal de la clínica aumentó, y también los pacientes; y los métodos de tratamiento y los progresos de los pacientes mejoraron. Se dio a las habitaciones una función distinta: sala de tratamiento, aula y sala de juegos. En la sala de tratamiento realizábamos nuestros ejercicios. Resultaba todo un espectáculo ver a quince o veinte niños, tumbados en el suelo, siguiendo las indicaciones de los fisioterapeutas, dispuestos en filas, a modo de una enorme serpiente con muchos brazos y cabezas, moviéndose al mismo tiempo.

En el aula se impartía educación primaria a los niños más retrasados, a los que nunca pudieron asistir a la escuela con sus hermanos porque eran "diferentes". Esto se hacía bajo la supervisión de una maestra estatal, muy cualificada para tan ardua tarea. Así pues, cuanto mayor era el desfase de los niños, mayor era la dedicación para ayudarlos a mantener contactos con las personas normales. Se encontraban muy satisfechos de poder asistir al colegio, de tener sus propios libros y pupitres, y de aprender a sumar, al igual que sus hermanos.

Se sentían muy orgullosos de su profesora y del modo en que ella los ayudaba. Nunca se les pegaba, como a otros chicos. En esta escuela, la maestra prestaba más atención a sus espíritus que a sus manos. De esta forma, en vez de sentirse inferiores a los chicos normales, se les enseñaba a considerarse iguales a ellos.

En la sala de juegos, la palabra "juego" tenía un doble significado: también quería decir trabajo. Con apariencia de juego, se enseñaba a los niños a desarrollar las propias habilidades, a base de movimientos de manos y pies, desechando los que no eran correctos. Vistos desde fuera, daban la impresión de estar jugando en las mesas, y de divertirse con carreras, como lo haría cualquier niño normal y sin dejar de hacer un ruido espantoso. Se les animaba a comportarse como chicos normales y, mientras correteaban felizmente, se les vigilaba de modo constante, para que no volvieran a recaer en sus defectos de movilidad. No bastaba con que corretearan de un lado para otro, tenían que aprender a hacerlo del modo adecuado, y lo mismo jugar y perseguirse. Al carecer de movimientos naturales, habían desarrollado otros que no lo eran. Por ello, en la sala de juegos aprendieron a hacer toda clase movimientos, de los más simples a los más complejos, y siempre de la forma más natural. No les resultaba nada fácil. Incluso la sencilla acción de recoger una tiza del suelo les suponía un trabajo enorme, una labor tan ingente como podría suponerle a alguien caminar por la cuerda floja sin haberlo hecho nunca antes.

Desde que llegué a la clínica, casi coincidiendo con su apertura, había empezado a verla como algo que formaba parte de mí mismo, algo esencial en mi vida. No la imaginaba como un sitio al que había acudido para ser atendido, ni como una "institución médica" repleta de doctores y fisioterapeutas de batas blancas. Tenía sus médicos y su personal vestidos de blanco, pasillos largos y frías paredes de mármol. Tenía todo eso, pero también algo más: alma, eficacia, y auténtico calor humano, sin carecer por ello de la fría precisión científica. El personal de la clínica tenía buenos sentimientos y, en su profesión, eso siempre resulta muy de agradecer. Resulta algo tan importante como sus conocimientos de medicina, ya que su profesión no es sencilla, pues no tienen pacientes ordinarios. No se trataba solo de "médicos" que asistían a "pacientes". Era un equipo de seres humanos profunda y sinceramente interesados por la situación de otro conjunto de seres humanos enfrentados a tremendas dificultades, unas dificultades que no podrían calificarse simplemente como "físicas".

Darnos amistad y confianza era tan necesario para nosotros como la asistencia médica. Porque no solamente sufrían nuestros miembros, sino también nuestros espíritus; nuestro interior requería más atención que nuestros brazos y piernas deformes. Un niño con una boca torcida y unas manos deformes puede desarrollar rápida y fácilmente comportamientos también deformes hacia sí mismo y hacia la vida en general, sobre todo si se le deja crecer con ellos y no se le presta ayuda. Al permitir que el concepto de "diferencia", respecto de los otros chicos, arraigue en su cerebro, crecerá en su interior durante la adolescencia y probablemente durante la madurez, por lo que al final habría pasado por la vida como un espíritu tan deforme como su cuerpo. La vida llegaría a ser para él un reflejo de su propia deformidad, de sus propios padecimientos emocionales.

Pero en la clínica todo era diferente. Por así decirlo, allí estábamos en nuestro ambiente. Las personas que nos rodeaban tenían similares incapacidades a las nuestras, y, a veces, peores. Podíamos comprobar que nuestra "diferencia" no lo era tanto, después de todo. Después de habernos considerado a nosotros mismos como parásitos y cargas para los demás, poco a poco nos dimos cuenta de que hay personas comprensivas, personas capaces de dedicar realmente sus vidas a ayudarnos y a conseguir que nos aceptáramos a nosotros mismos. Al final, con nuestros sufrimientos se había forjado algo positivo.

Yo apreciaba mucho a Bernie, una de las chicas que recibía atención en la clínica. Todo el mundo la quería. Es un ejemplo de lo que la clínica puede hacer por los casos desesperados.

Ella fue una de las primeras pacientes de la clínica. Solo tenía dos años cuando la vi por primera vez. Cada mañana, íbamos juntos en la misma ambulancia, y aún me acuerdo de la pequeña y patética insignificancia que era por aquel entonces. La veía recostada en su camilla, aunque, en realidad, lo único que podía apreciar eran sus ojos, que me miraban fijamente, con su cara de elfo. Al ser tan pequeña, sus ojos parecían lo más grande de su cuerpo. Yacía completamente inmóvil, como si nunca hubiera tenido un hálito de vida; era una cosa rígida y apretujada, aparentemente fría e insensible a todo lo que le rodeaba. Lo único que atestiguaba que era un ser humano eran sus ojos, porque su aspecto era el de algo envuelto en una manta, semejante a una muñeca de niña. Lenta y progresivamente, Bernie empezó a despertar a la vida, y a tomarse más interés por todo lo que le rodeaba, como si estuviera saliendo de un lento "deshielo".

Se le facilitó un tratamiento especialmente preparado para ella, y actualmente es una de las pacientes más activas de la clínica. Bajo la atenta dirección de la fisioterapeuta, Miss Dorothy Henderson, Bernie ha pasado de ser un inmóvil revoltijo de ropas, tan sin vida como un pedazo de madera, a convertirse en una vivaracha personita que está empezando a reír y a parlotear. Miss Henderson la considera "su mocita mimada". La principal competidora de Bernie, en la clínica, es Dorothy. Ver a las dos juntas, intentando superarse en los ejercicios, es mucho mejor que presenciar una pantomima. Dorothy es una persona encantadora. Fue uno de los peores casos que llegaron a la clínica, y tanto ha mejorado desde el comienzo del tratamiento que las personas que la conocieron entonces no podrían hoy reconocer en ella a la misma chica.

Al principio apenas se podía sentar. La espalda se le combaba, los hombros se le caían y su cabeza oscilaba de un lado a otro como si fuera una flor sacudida por el viento. Intentaba arrastrarse, pero sus brazos y rodillas eran incapaces de sujetarla, así que se retorcía cayendo de bruces al suelo.

Conforme pasaron los meses, y etapa tras etapa, le enseñaron, en primer lugar, a relajarse tendida en el suelo sobre una manta, luego a mejorar su forma de sentarse y, por último, a permanecer en pie con una mínima estabilidad.

Más tarde hubo que hacer frente al problema de su manera de andar, y para ello se le facilitaron unos esquíes de madera especiales, que le servían para apoyar las manos, para colocar los pies en la posición adecuada y para perfeccionar, en general, sus posturas.

Actualmente, Dorothy es capaz de moverse correctamente, con sus manos y rodillas, y está empezando a dar por su cuenta algunos lentos y vacilantes pasos. Me resulta encantadora con sus ojos de un negro claro, el cabello revuelto, y la naricita chata que siempre se le arruga al sonreír, con esa sonrisa tan coqueta y contagiosa.

Dorothy es también una fisioterapeuta en potencia. Tiene la mente muy ágil, y todo el tiempo que ha estado en la clínica ha visto lo suficiente de fisioterapia como para tener ganas de demostrar al personal lo que podría hacer ella sola. Nada le gusta más que arrastrarse hacia donde esté echado cualquiera de los niños más pequeños, y ponerse en cuclillas a su lado para dirigirle "sus ejercicios", incluyendo algún que otro manotazo si el comportamiento del pobre chico no cuenta con su aprobación.

En algunas ocasiones, Dorothy va mucho más allá e intenta hacer experimentos conmigo. Pero yo siempre acabo por hacer que se enfade, pues me mantengo impasible y me limito a hacerle muecas, si me ordena doblar la pierna, encoger el estómago o quedarme quieto en mi asiento.

Yo también he progresado bastante en los dos últimos años pasados en la clínica. Lo primero que he aprendido es a relajarme. Esto puede parecer fácil, pero creo que es lo más difícil de la tarea de todas las mañanas. Relajarse no solo es cuestión de tumbarse en la cama o en el suelo, como un tronco; no es tan sencillo. Para relajar por completo los músculos y hacerlos tan flexibles como un papel mojado es necesario relajar primero el espíritu, dar rienda suelta a los pensamientos y dejarlos correr a su gusto, sin guía consciente o propensión hacia ningún tema en particular. Esto es algo que me resulta prácticamente imposible. Tengo una mente que nunca descansa. El único momento en que se relaja es mientras duermo, y, pese a todo, no lo hago demasiado bien. Incluso aunque consiga controlar mis brazos y piernas, no es siempre una señal de que me encuentre relajado; a lo mejor solo los mantengo quietos por el mero hecho de ponerlos en tensión. No es difícil dar una apariencia externa de relajación, pero sí que lo es el sentirse relajado. Obligarse uno mismo a la relajación es una de las peores cosas que se pueden hacer, porque de ese modo lo único que se consigue es acumular una gran tensión corporal, lo que está muy lejos de la verdadera relajación. Siempre he tenido consciencia de estas escenas: ruidos, juegos de luces y sombras, expresiones particulares en los rostros de las personas de mi entorno, el tono y la inflexión de sus voces... y todo ello se ha grabado en mi cerebro de forma clara e inconfundible: a modo de piedras arrojadas a un lago.

Hasta que no consiga relajarme de la manera adecuada, no seré capaz de autoconvencerme de que he conseguido realizar algo que otros, en mi situación, no podrían realizar sin ayuda. Hoy, trabajando bajo los sabios consejos de la doctora Mary O'Donnell, actual coordinadora de las actividades de la clínica, y de Miss Barbara Allen, una de las tres fisioterapeutas del equipo, he aprendido a andar con unos esquíes especiales, muy similares a los que usa Dorothy, con la diferencia de que son más grandes, y también estoy haciendo un mayor uso de las manos.

El miembro más veterano de la clínica, su *alma mater*, es Mrs. Frances Prince. Se incorporó en los días en que el futuro de la clínica resultaba más bien incierto y, desde entonces, ha permanecido con nosotros. Cuando ella está, no puedo "escurrir el bulto", ni esquivar mis obligaciones, como alguna que otra mañana me apetece hacer. No vacila en darme muchas tareas cuando estoy sentado en las mesas, tales como modelar figuras de plastilina —con las que consigo formas de lo más desproporcionado—, llevar pesas de una mano a otra, y otros muchos ejercicios manuales.

El lenguaje siempre ha sido una de las principales dificultades en mi esfuerzo por mantener contactos normales con las personas. Este ha sido el aspecto de mi minusvalía que más amargos padecimientos me ha ocasionado, ya que sin el lenguaje una persona se siente perdida, separada de los demás, queriendo decir un montón de cosas y no siendo capaz de expresarlas. Escribir no estaba mal, pero hay algunos sentimientos que no se pueden expresar, ni "sentirse", por medio de la palabra escrita. La escritura puede llegar a ser inmortal, pero es incapaz de llenar el vacío entre los seres humanos del modo que lo hace la palabra, y es preferible tener una encarnizada discusión de una hora con un amigo o unos breves instantes de apacible charla con una chica que escribir el mejor libro del mundo.

Sin embargo, en la actualidad estoy comenzando a hablar, en vez de emitir gruñidos. Mis gruñidos se están convirtiendo poco a poco en algo más articulado, hasta más elegante. Ello se debe al tratamiento especial que estoy recibiendo de la responsable de terapia del lenguaje de la clínica, la doctora Patricia Sheehan.

Debo admitir que estaba algo desorientado al iniciar el tratamiento. Este tenía un nombre que sonaba bien: "terapia del lenguaje", pero el método era tan sencillo que se me ocurrió pensar que a alguien podría habérsele ocurrido antes. A mí me resultaba como un simple juego de niños.

¡Pero estaba muy equivocado! El método era en apariencia sencillo, pero los resultados llegaban a ser sorprendentes. Lo primero que me enseñaron fue a respirar profundamente. La doctora me dijo que yo había adquirido el mal hábito de respirar de cualquier manera, a base de espasmos, y me decía que eso no podía ser. Nunca iba a conseguir hablar de forma adecuada si antes no aprendía a controlar la respiración.

Decidió enseñarme por la vía directa. Y la primera lección que recibí consistió en hacer burbujas. Una mañana, la doctora trajo una cajita de hojalata llena de agua de jabón, sacó de su bolsillo un aro de metal con un asa en su extremo, lo metió en el agua, y me dijo que tenía que arrancar la película acuosa que se había formado alrededor del aro. Al principio creí que se trataba de una broma. Pero luego me di cuenta de que iba totalmente en serio, así que tomé aire, fruncí los labios y soplé. Inmediatamente, toda una serie de brillantes burbujas de colores empezaron a lloverme desde todos los lados. Una me reventó en la nariz, otra en el ojo, y también advertí que los cabellos de la doctora estaban sembrados de gotitas de agua.

Esto me serviría para adquirir mayor resistencia. Junto con mi amigo John, otro de los pacientes adultos de la clínica, me enseñaron a profundizar en mi respiración con un nuevo método. Consistía en soplar agua de una botella a otra, a través de un tubo. Las dos botellas estaban cerradas herméticamente, comunicadas por un tubo de goma, cuyos extremos se conectaban a dos diminutos cilindros de cristal incrustados en sus corchos. Una de las botellas estaba llena de un agua coloreada, y el objetivo era soplar el contenido de la botella llena a la vacía. Llenándola poco a poco por medio del tubo de conexión.

Dicho así, parecía muy simple, pero pronto me di cuenta de que tenía bastante dificultad. Al igual que el lobo malvado de los cuentos de hadas, yo soplaba y soplaba hasta enrojecer, pero solo unas insignificantes gotas de agua caían dentro de la botella. Cuando le tocó el turno a John, en cuestión de segundos pasó toda el agua de una botella a otra, y es que John tenía unos pulmones de primera categoría. Quedé muy decepcionado de mí mismo, pero, conforme pasó el tiempo, lo fui haciendo mejor, aunque todavía estoy lejos de compararme con John.

Pasados unos meses, advertí una considerable mejoría en mi lenguaje. Me esforcé por adquirir mayor seguridad cada vez que articulaba las palabras de forma lenta y perceptible. De esta forma podía expresarme con más calma y sin mis habituales aspavientos. En la actualidad soy capaz de hablar bastante aceptablemente si me tomo tiempo y no me pongo nervioso por no poder pronunciar una palabra con claridad. En suma, toda la causa de mis dificultades con el lenguaje reside en mi propia actitud hacia él. Una vez que haya superado el vivo y singular sentimiento de temor, casi de vergüenza, que hace que la sangre se me suba con rapidez a las mejillas con un cálido impulso cuando cualquier persona desconocida intenta darme conversación, habré eliminado la raíz de mis problemas.

Pero hoy soy capaz de hablar con mayor confianza en mí mismo, y con mucha menos timidez. Sé muy bien que nunca podré llevar una completa vida social, a menos que consiga hablar a la gente de modo que puedan entenderme, y, para conseguirlo, debo trabajar esforzadamente y hacer muchas prácticas. No me resultará fácil, porque nunca alcanzaré la perfección, ni tampoco un empleo en la BBC, pero los grandes progresos que he hecho, gracias a la doctora Sheehan, son una muestra de que no es imposible, siempre que me esfuerce lo suficiente, y estoy completamente seguro de que me voy a esforzar.

El personal de la clínica tiene conmigo mucha paciencia, pues no soy precisamente un "paciente modelo". Miss Henderson dice que tengo bastante inclinación a la pereza, y que no pongo todo de mi parte en las tareas. Me gustaría desmentirla, pero me temo que no puedo, porque lo que dice es verdad. Sé que muchos días no me esfuerzo lo suficiente, al menos en la medida que la gente espera de mí. No doy a mi tratamiento toda la importancia que requiere, aunque sea consciente de que las pocas horas que paso cada mañana en la clínica son las más importantes del día. Probablemente sea una persona perezosa. Pero si alguien quiere ver más allá, se dará cuenta de que mi vieja pluma tiene también muchas cosas que decir...

Los niños de la clínica son niños felices, desde los que se arrastran por el suelo sin tener otra cosa que hacer hasta los que corretean, juegan y se revuelcan por la sala. Los traen a la clínica en coches particulares varios días a la semana. Los chicos esperan impacientemente en sus casas ir a la clínica, y cada día que pasa se establece una relación más profunda y afectuosa entre ellos y sus acompañantes. Cuando vuelven a sus casas al mediodía, esos niños consiguen que sus familiares se acerquen a ellos para hablarles, con gran satisfacción, de sus tareas de esa mañana. Y eso lo hacen, aunque solo puedan emitir chillidos, golpear con las piernas o permanecer echados en el suelo. A todos les gusta ir a la clínica, porque no solo van a recibir un tratamiento −que en sí mismo no sería suficiente−, sino que también reciben una comprensión que necesitan más que nada en el mundo, una comprensión que va más allá de las simples palabras, y un cuidado que no significa lástima.

Las mujeres que forman el equipo –las doctoras Mary O'Donnell y Patricia Sheehan, Mrs. Frances Prince, Miss Dorothy Henderson, Miss Barbara Allen, Miss Joyce McCrory, y la profesora Miss Una Kennedy– han hecho y continúan haciendo una magnífica labor, y no tengo palabras para expresar su habilidad y capacidad de inventiva. Trasmiten sentimientos de amistad y comprensión, aunque creo que, de vez en cuando, deberían de ser un poco más enérgicas cuando los niños que tienen a su cargo sean perezosos o estén faltos de interés. Pero por muy exigentes que puedan ser, nunca actúan con frialdad. Siempre se puede ver una luz, un brillo especial en sus rostros y en sus ojos. Entrar en la clínica es entrar enseguida en su espíritu, el espíritu que la anima y fluye dentro de ella, que llega tanto a los ojos como al corazón, y que es el espíritu de "dignidad y no compasión".

14.
LOS TÓPICOS Y CÉSAR

A MEDIDA QUE pasaba el tiempo, y gracias a Robert Collis, fui aprendiendo muchas más cosas acerca del arte de escribir. Me enseñaba tanto en tan poco tiempo que casi llegaba a marearme, algo parecido al que le ponen de repente un montón de joyas ante sus ojos y queda deslumbrado por su fulgor. El doctor venía a verme a mi habitación y me daba consejos sobre técnicas de escribir, de forma sencilla, sin echar mano de frases grandilocuentes o de vagas teorías. Siempre tenía cosas que transmitirme, y no escatimaba el tiempo en sus enseñanzas, siempre del modo más claro y sencillo.

Nos resultaba difícil hablar de determinados temas. Por aquel entonces yo era incapaz de conversar con un extraño sin sentirme incómodo y ponerme colorado. Y es que, pese a todo, seguía siendo una persona muy encerrada en sí misma. Así pues, él se limitaba a hablar y yo a escuchar.

Paulatinamente adquirí algunos conocimientos acerca del gran universo de la literatura: de sus formas y estilos, de sus normas y principios, de su singularidad y sus sutilezas, pero sobre todo de su calma, belleza y fascinación. La literatura era para mí una especie de templo de los ideales y pensamientos de la humanidad, construido por muchos tipos de mentalidades, de las más humildes a las más famosas, del simple archivero e historiador al gran pensador, de los hombres que escribieron con su razón a los que lo hicieron poniendo su corazón y su alma.

Gracias a todo lo que me enseñó, pude darme cuenta de mis errores. Pero el doctor era una persona muy paciente, y siempre que tenía ocasión, venía a visitarme, con frecuencia dos o tres veces por semana. Me enseñó toda clase de aspectos técnicos, aunque él no fuera un técnico de la literatura. Era un excelente crítico, y sus críticas eran sinceras y no se dejaban influir por mi situación. Tenía mucha fe en mí, fe en que llegaría a ser escritor, y supo darme toda la confianza que me hacía falta.

Pronto empezaría a escribir la segunda versión de mi autobiografía, también por medio del dictado. Mi escribiente fue entonces Francis, mi hermano de trece años, un colegial de pantalones cortos, muy diferente de Eamonn o Sean, que no se limitaba a copiar maquinalmente lo que le dictaba, sino que hacía sus propias reflexiones. Después de haber concluido el trabajo de aquel día, aunque casi siempre era de aquella noche, Francis se sentaba reposadamente a leer lo que había copiado, y, en ocasiones, me hacía preguntas de gramática, de construcción de las frases, o del significado de las palabras, unas preguntas que a veces me resultaba difícil responder. Una noche que me estaba haciendo preguntas sobre el capítulo que habíamos finalizado, se quedó pensativo por un momento, sin dejar de dar vueltas a la pluma entre los dedos, luego me miró, y me dijo muy serio:

—Todo esto está muy bien, pero habrá que usar el diccionario para leerlo.

Hubiera querido entonces arrojarle la mesa, pero él se limitó a sentarse, con las manos posadas plácidamente en las solapas. Yo estaba enfadado, pero sabía que había algo de verdad en lo que acababa de decir.

El segundo intento de escribir el libro resultó mejor que el primero. El tema estaba bien delimitado, la construcción de las frases tenía mayor orden y correlación, y, en general, se notaba mayor madurez en todo el contexto. Por un momento tuve la esperanza de que lo iba a conseguir, pero el doctor Collis volvió a menear negativamente la cabeza.

—Está mucho mejor que antes —me dijo—, pero todavía no es lo suficientemente bueno. Resulta aún demasiado literario.

Era cierto. Yo no había perdido la tendencia a utilizar frases demasiado afectadas y a buscar dramatismos innecesarios. El resultado era que lo que decía sonaba a falso, y además me gustaba mucho irme por las ramas hablando de cosas que nada tenían que ver con el libro.

—Táchalo y vuelve a empezar—continuó—, ahora es el momento de hacerlo. Hay que escribir y volver a escribir lo que se ha hecho, en ocasiones de una manera casi angustiosa, hasta que se consigue hacerlo bien. A la tercera va la vencida.

Aparenté sonreír, pero en realidad me estaba maldiciendo a mí mismo, contemplando aquellos montones de papeles inútiles. ¿Es que nunca lo podría conseguir?

—Otra cosa, Christy—me dijo una noche—. Abusas demasiado de los tópicos. ¿Sabes lo que es un tópico?

No lo sabía; me sonaba a una especie de insecto o extraño animal. Pero a continuación, el doctor me dijo que era "algo que decía todo el mundo", una expresión de uso corriente, palabras y frases usadas con frecuencia en libros y conversaciones para darles sustancia, cosas que se habían dicho mil veces, hasta resultar muy trilladas y perder su significado originario.

Tras enterarme de lo que significaba "tópico", me sentí culpable de haber cometido muchas veces este error. Había pasado muy poco tiempo desde que me sentaba junto al "crepitante" fuego; oía el "chirriar" del viento; esperaba con una "incertidumbre angustiosa"; o veía que "ella tenía los ojos brillantes, los labios insinuantes y carnosos, su cuello era semejante a un cisne, y sus cabellos eran hebras de gasa". Asimismo, yo tenía "un nudo en la garganta"; y no faltaba quien estaba "jurando como un carretero".

Al repasar mis escritos, me encontré con que había usado tantas veces tópicos que estos se podían contar por centenares.

Advertí, además, que, de vez en cuando, utilizaba expresiones rimbombantes, que se agitaban aquí y allá como un corcho en el agua. Y lo mismo que los tópicos, no me resultaba fácil suprimirlas. Era todavía un poco como el ruiseñor, un pájaro al que le gusta imitar a los otros.

Una noche de diciembre de hace dos años, el doctor Collis vino una vez más a visitarme. Al principio no me dijo nada, y se limitó a calentarse las manos junto a la chimenea. Luego acercó su silla junto a mí y me dijo:

—Christy, he estado pensando en tu porvenir. Tienes talento y originalidad. Pero tu problema es cómo desarrollarlos. ¿Hasta dónde puedes llegar?

Hasta entonces, mi educación había sido práctica-mente inexistente. La primera y casi única clase que tuve me la dio mamá a los cinco años, cuando me enseñó el abecedario. Después continuaría por mi cuenta, como pude, leyendo libros, sobre todo obras de Dickens, y aprendiendo casi todo en ellos. ¡La edu-cación! Aquella palabra casi me daba miedo, porque sabía muy bien que todo el autoaprendizaje de mi in-fancia y adolescencia no significaba nada, y que me quedaba un largo camino por recorrer si quería adqui-rir verdaderos conocimientos.

—Creo que no muy lejos —contesté.

—Lo sé —repuso el doctor—. La educación es algo que no tiene precio; pero en tu caso es totalmente esencial.

Volvió a guardar silencio, sin dejar de golpear las baldosas con el pie, y con la mano puesta sobre los bo-tones de su chaleco. Y aguardaba lo que me iba a decir.

—No puedes ir a un colegio ni a una universidad —prosiguió—, así que lo que tienes que hacer es conseguir un profesor particular. Alguien que tenga experiencia en conocer a las personas y que sea lo suficientemente inteligente como para no prestar atención a tus defi-ciencias físicas y a tus dificultades en el lenguaje. Voy a solicitar a la fundación Marrowbone Lane que te con-ceda una ayuda.

Pocos días después regresó para decirme que, gracias a Katriona Maguire, había encontrado el profesor ideal para mí, un hombre que prestaba sus servicios en una de las más importantes escuelas estatales de Kimmage, y que además vivía muy cerca de mi casa.

—Creo que os irá bien juntos —me dijo el doctor—. Es la clase de profesor que a cualquier chico le gusta-ría tener.

A la noche siguiente, un sacerdote de mi parroquia, el padre Mullane, vino a presentarme a mi nuevo profesor. Yo estaba sentado junto a la ventana, leyendo un libro de Maritain, cuando se abrió la puerta y entraron los dos, acompañados por mi madre.

—Te presento a Mr. Guthrie, Christy —dijo el padre Mullane.

Alcé los ojos y vi a un hombre de pequeña estatura y mediana edad, de complexión recia, ojos azules y penetrantes, y de expresión agradable. Observé que todos sus gestos y movimientos eran de lo más preciso, y que hasta sus cejas tenían expresividad. Su rostro denotaba una profunda inteligencia y una simpatía todavía mayor. Sentí la fuerza y atracción de su personalidad desde el momento en que le conocí, y yo le caí bien enseguida.

—¡Hola, Christy! —me dijo con voz profunda, acercándose para estrecharme la mano—. Estoy encantado de conocerte. Espero que a partir de ahora seremos buenos amigos

Y así comenzó todo. Mr. Guthrie empezó enseguida a poner en práctica sus habilidades para echar abajo, con tanta discreción como firmeza, todos los obstáculos que pudieran interponerse en su camino. La relación entre nosotros era amistosa, aunque también eminentemente práctica, sin plantearse grandes pretensiones. Me infundió el sentimiento de ser dos personas que estuvieran en el mismo barco. Y sabría sacarme adelante.

Venía a verme dos veces a la semana, generalmente los lunes y miércoles por la noche. Y cada una de sus clases duraba dos horas o más. Al principio me sentía muy cortado y actuaba con poca naturalidad en su presencia, teniendo siempre la amarga constatación de mis dificultades de lenguaje al responder a sus preguntas. Pero, pasado un tiempo, iría desapareciendo parte de esa incomodidad, y nos acostumbramos a estar el uno junto al otro. Después de empezar a trabajar, comencé a hablar de forma más suelta, e incluso logré aumentar mi locuacidad. Al terminar cada noche "el programa oficial", nos quedábamos más tiempo hablando de temas muy diversos, como la filosofía de Bertrand Russell, la poesía de Thompson y Yeats, o el psicoanálisis, por lo que, además de la lecciones acostumbradas, aumenté bastante mis conocimientos. Y ni que decir tiene que todas aquellas conversaciones me ayudaron a expresarme de forma más nítida y ganar en confianza.

Cuando me inicié por primera vez en las matemáticas, no podía copiar yo mismo los números, así que llamaba a Sean para que me ayudase, porque Francis ya tenía bastante trabajo con redactar la nueva versión de mi libro. Sean era muy aplicado en matemáticas, y fue una gran ayuda para mí en los problemas de álgebra y aritmética. ¡Era tan bueno que le encargaba los problemas de mayor dificultad, y yo me limitaba a revisarlos! Quise descubrir algo interesante o placentero en las ecuaciones, el interés compuesto, las tasas y los porcentajes, pero lo único que conseguí fueron dolores de cabeza. A pesar de ello, iría progresando poco a poco, aunque, a decir verdad, los números nunca me han gustado del todo.

Me agradó mucho más la geometría. Casi me revelé como un experto en resolver problemas de ángulos, triángulos, paralelogramos, áreas, rectángulos... Ignoro por qué llegó a gustarme esta rama de las matemáticas y, en cambio, detestaba las demás. Pero lo cierto es que me agradaba muchísimo, y me sentía muy satisfecho dedicándole horas y horas seguidas.

Más tarde vendría el aprendizaje del latín. Me enamoré de la elegancia y belleza del lenguaje, de la uniformidad y pulcritud de sus expresiones, y de sus delicadas formas y armonías. Después de un año de rodaje, tomé contacto con César, a través de su *Guerra de las Galias*, que encontré a la vez aburrida e interesante.

Lentamente iba poniéndome al día, y mi capacidad de comprensión aumentaba. Antes de que Sheila se fuera a Estados Unidos para casarse, me regaló un magnífico volumen de las obras completas de Shakespeare, que sigue siendo uno de mis tesoros más queridos. Me acuerdo de que, la mañana en que se despidió de la clínica, conseguí recitarle el desgarrador monólogo "ser o no ser" de Hamlet. Mientras yo hablaba, los chicos no paraban de alborotar a nuestro alrededor. Ella estaba sentada frente a mí, con el anillo de compromiso, que relucía en su dedo, formando un halo de luz.

Descubrir toda la belleza de la obra de Shakespeare me proporcionó una sensación casi física de bienestar. Con frecuencia, a mitad de la lectura de una de sus obras, me detenía casi sin aliento, sorprendido por el increíble encanto de su imaginación y la solidez de sus argumentos. Los sentimientos expresados en su obra son tan universales que pueden darse en cualquier época. La singular belleza de sus pensamientos y su suprema maestría en las expresiones me dejaban casi sin sentido. Parecía como si él fuese capaz de seccionar en partes la mente humana para sacarlas una por una a la luz, poniéndolas a la vista de todo el mundo. Shakespeare me ha enseñado más que nadie sobre la forma de pensar de las personas.

Más tarde leí a Bernard Shaw. Si Shakespeare me resultó una suave brisa de verano, Shaw me pareció un viento helado del mes de marzo. Quedé encantado ante su ingenio y corrosivo humor, aunque, en ocasiones, pensaba que su lógica era muy poco lógica. Enseguida se convirtió en uno de mis autores favoritos. Parecía tener una respuesta para todo. Puede que fuese lo que alguien llamaría un ateo, pero creo que, en realidad, tenía más ganas de que la gente creyera en su ateísmo que de creérselo él mismo. Probablemente tuviera unas creencias íntimas, o, al menos, una necesidad de creer que ocultaba tras su arrogancia externa. En realidad no lo sé, porque sus opiniones me resultaban demasiado sutiles; sin embargo, leer sus obras era para mí una práctica tan estimulante como un paseo matutino por la orilla del mar.

En ocasiones, cuando me sentaba por las noches en mi habitación, se supone que a leer a César o a resolver problemas de matemáticas, me paraba con frecuencia a pensar en todas las chicas que podía haber conocido, en los bailes a los que habría asistido con ellas, o en cómo las habría cortejado, de modo similar a lo que habían hecho mis hermanos Peter y Paddy. No me resultaba fácil, desde luego, sentarme en una silla para leer, o al menos intentar hacerlo, las campañas de César en las Galias, la Historia de la Edad Media, o incluso a Shakespeare. Y es que yo aún tenía clavada esa espina en mi corazón. Ya había cumplido veinte años y deseaba otras compañías que no fuesen las de los libros. De los libros conocía tanto su peligro como su encanto, y quería escapar de ese peligro, romper con el hechizo del hábito de leer constantemente. En tales ocasiones no me importaban ni mi educación ni mis escritos. Quería conocer satisfacciones como la de escalar una montaña al amanecer de una mañana de primavera, o la de pasear en una "roulotte" a la luz de la luna, por la calles de una ciudad humedecidas por la lluvia, en compañía de una muchacha bonita.

Una tarde, me sentía muy solo y bastante envidioso de Peter y Paddy, que habían salido con sus amigos. Estaba cansado de leer. Por un momento, me senté un tanto malhumorado y sin ganas de hacer nada. En ese momento, llegó Francis para hacer el dictado. Tomó la pluma y esperó. Yo quería expresar algo, pero ignoraba la forma de hacerlo. No dejaba de pensar, mas era imposible, las palabras no me salían. Y, como de costumbre, no dejaba de contemplar mis manos totalmente inútiles. Entonces, me acordé de mi pie izquierdo.

—Lárgate de aquí, Francis —grité.

Mi hermano me miró con expresión lastimera

—Vete —le dije—. ¡Largo!

Se levantó y se deslizó fuera de la habitación, como un conejo asustado. Inmediatamente me arrojé sobre la cama, me quité el zapato y el calcetín izquierdo con el otro pie, y, tras colocar un lápiz entre mis dedos, empecé a escribir.

Escribí sin pausa y sin prestar atención a todo lo que me rodeaba durante horas y horas. Me sentía otra persona. Ya no me consideraba un desgraciado. Ni tampoco me sentía frustrado. Era una persona libre, podía pensar, vivir, crear... De repente, la puerta se abrió y entró el doctor Collis. Me detuve, tratando de ocultar el pie, e intenté sonreír diciendo algo así como que hacía mucho frío aquella noche. Él no pareció inmutarse, y se sentó junto a la chimenea, poniéndose a hablar de nuestros temas habituales de conversación. Pasado un rato, abordó el asunto del libro.

—¡Así que has tenido que pedir ayuda a tu viejo amigo, el pie izquierdo!—me dijo.

Algo tímidamente le enseñé el pie.

—Me pregunto cuánto tiempo podrás utilizarlo. ¿Acaso no te basta con el dictado? Lo entiendo, no le diremos nada a Eirene Collis. Pero no vuelvas a usarlo, si no es imprescindible.

Me sentí mucho más tranquilo. Sea como fuere, volvía a ser el mismo. Y aunque no llegara a conocer las alegrías de un baile, al menos podría disfrutar de la magia de los creadores.

16.
ROSAS ROJAS PARA ELLA

EL CONCIERTO DE Burl Ives en Dublín siempre permanecerá en mi memoria como uno de los días más emocionantes de mi vida. Todo sucedió de un modo poco habitual. Entre la pintoresca familia del doctor Collis, a la cual también yo me honro en pertenecer, había un muchacho húngaro-eslovaco que el doctor había adoptado en Belsen. Es un chico moreno, con la piel también oscura y los ojos saltones. Ya estaba enfermo cuando el doctor le conoció, y hace algún tiempo, enfermó de los pulmones, teniendo que someterse a una seria operación en el Hospital de Enfermedades del Tórax de Londres. Burl Ives había conocido a este chico en Dublín y le había caído simpático. Por eso le visitaba con frecuencia en el hospital y le cantaba canciones populares, a él y a otros enfermos.

Una tarde, el doctor Collis se encontraba en Londres, cambiando impresiones sobre el muchacho con

Sir Clement Price Thomas, pues ya le habían extirpado la mitad del pulmón izquierdo. Pero, cuando ambos entraron en la sala del hospital, se encontraron con un recital en toda regla. Burl Ives había puesto a cantar a todo el mundo. Entonces, el doctor Collis tuvo la idea de preguntarle si estaría dispuesto a dar un concierto en Dublin a beneficio de los enfermos de parálisis cerebral. Ives aceptó inmediatamente.

De regreso a Dublín, el doctor vino a verme y me lo contó todo.

—El caso es que Burl Ives cantará a beneficio de nuestra organización. Pero creo que no estaría de más que tú también hicieras algo.

—¿Yo? —repuse.

—Sí, con tu pie.

—¿Con mi pie?

El doctor Collis prosiguió:

—Acabas de terminar el capítulo primero, sobre la letra A y tu madre. Si fueras capaz de leerlo, la gente sabría más de la parálisis cerebral, gracias a un testimonio directo, que con todo lo que yo pudiera explicarles en una hora. Así que vendrás conmigo y te sentarás a mi lado, para que la gente sepa que lo que has conseguido ha sido obra tuya, no mía.

Me quedé pensativo por un momento. Me imaginaba sentado ante una gran multitud, y veía cientos de rostros expectantes, desconocidos, inquisitivos, que no paraban de prestar atención a mis peculiares movimientos, a mis manos torcidas y a mi boca deforme. Vacilé. El doctor movió la cabeza. Era capaz de leer mis pensamientos.

— ¿Puedes hacerlo? —me preguntó.

—Por supuesto. ¡Claro que sí! —le contesté.

Pero yo me sentía bastante asustado.

Los preparativos comenzaron a toda velocidad. El patrocinador del acto fue la Ireland America Society, y se invitó a personas de destacada relevancia. El lugar elegido fue el Aberdeen Hall, en el Hotel Gresham, una enorme sala con capacidad para quinientas personas sentadas. Se pusieron entradas a la venta, se insertaron anuncios en la prensa, y se publicaron entrevistas efectuadas por afamados reporteros.

Toda la ciudad se dio por enterada, y muy especialmente mi casa. Mi familia dijo que quería ir a ver a Burl Ives.

Únicamente mamá añadió que quería oír al doctor Collis leer el primer capítulo de mi libro. Enseguida pensé que, si todos mis familiares y amigos se hacían con invitaciones, llenarían muy pronto la sala, no dejando demasiadas ayudas para los paralíticos cerebrales. Esto provocó durante bastantes días fuertes discusiones. Ni que decir tiene que papá y mamá tenían que venir. Peggy insistió en que tenía que sentarse a mi lado. Mona y su marido. Torn, dijeron que pensaban comprar las entradas. En cambio Tony, Peter, Paddy, Jim, Eamonn, Sean, Francis y Danny dijeron que no las comprarían solo por verme a mí. Tampoco Lily y Ann perdieron la oportunidad de expresar sus puntos de vista, dejando bien claro que irían de todos modos. Quedaba aún pendiente saber cómo podríamos llegar un domingo por la tarde desde Crumlin hasta O'Connell Street, que estaba en el centro de la ciudad, y, sobre todo, cómo podría entrar yo al Hotel Gresham, cuyo salón principal, junto a la entrada, siempre está repleto de gente. Mona dijo: "Sería preferible que alquilásemos un autobús".

Pero, por fin, un amigo de la familia, Sid Mac Keogh, que poseía un taxi tipo gran turismo americano, se ofreció voluntariamente para llevar al mayor número posible de los Brown.

Robbie Collis, un alto y fornido estudiante de medicina, que era hijo del doctor, me dijo que me ayudaría a entrar por la parte de atrás del hotel, para que pudiera estar sentado antes del comienzo del espectáculo.

Y llegó el gran día. Aquella mañana, nuestra casa era lo más parecido a un "pub" un sábado por la noche, pues todos hablaban al mismo tiempo y tropezaban unos con otros. Mamá se probó un abrigo de piel que le había prestado una amiga. "¿Estoy bien?", preguntó, adoptando toda clase de posturas diferentes en medio de la cocina. Las conversaciones se interrumpieron, y la familia se dirigió a contemplar a la modelo. Nadie dijo nada. Ninguno de nosotros quería comprometerse en tan ardua decisión, hasta que Peter, recogiendo el periódico, dijo con mucha tranquilidad, con la mirada fija en una de las páginas: "Pareces un oso que se haya escapado del zoológico...".

Mamá no estuvo de acuerdo con la observación, y, tomando el sombrero del viaje a Londres, se lo probó delante del espejo. Mona intentó convencerla de que se pintara los labios y se pusiera maquillaje, pero mamá replicó que no quería morir envenenada.

Papá se había comprado un traje nuevo y un sombrero un tanto pintoresco, a caballo entre un hongo y un tipo de sombrero más flexible. El sombrero le sentaba estupendamente, dándole una apariencia bastante elegante. Mis hermanos se pusieron a vestirme con una americana que habían alquilado, sin decirme nada. Pese a mis protestas, Peter y Tony me introdujeron en ella por la fuerza. "Te sienta estupendamente", me dijeron.

El taxi llegó a la hora prevista, y subimos a él como si fuéramos una familia real en su landó de dos caballos. Únicamente cabíamos seis de nosotros, y los demás tuvieron que ir en autobús: hermanos, cuñados, sobrinos... alrededor de docena y media de personas, sin contar la retahíla de amigos y otros parientes que también nos acompañaron. Era como ver desfilar un regimiento cuando cruzaban la calle, cogidos del brazo.

Nos encaminamos hacia la casa del doctor Collis, donde Robbie, con no pocas dificultades, se deslizó dentro del coche, y no sé si se sentó en las rodillas de alguien, o alguien se sentó sobre las suyas.

Por fin llegamos al hotel. Mis acompañantes se bajaron frente a la entrada principal, y yo seguí en el coche hasta la parte de atrás. Yo debía pesar bastante, pero Robbie Collis se agachó, me tomó en sus brazos y me llevó dentro sin dar la menor señal de queja. Todavía no había dado comienzo al acto, y el telón seguía bajado, pero a mí me pusieron en una silla junto a mamá, papá, Peggy, Tony y su mujer, Sheila. Desde el otro lado del telón se escuchaban los pasos y el murmullo de la gente al ocupar sus asientos. Había una nutrida concurrencia, y era cuestión de segundos que se levantase el telón. Yo me sentía fatal. Había llegado más gente de la que había comprado entradas, y muchos se agolparon en la parte trasera del escenario junto a nosotros. Eché un vistazo, y pude darme cuenta de que me habían situado a la derecha, dejando en el centro tres o cuatro sillas que iban a ocupar el presidente de la Ireland-America Society, el director de cine John Huston y el doctor Collis. También estaba una señora muy atractiva, que debía ser una actriz de cine, y, por supuesto, una gran cantidad de personas que nunca había visto antes.

Entonces advertí algo realmente notable a través de la puerta de acceso al escenario. Era un hombre, pero todo lo que pude ver, a primera vista, fue algo así como un chaleco dorado y unos pantalones de color verde. Poco a poco, el resto de aquella figura se fue dejando ver. Nunca había visto a nadie de aspecto tan descomunal. Porque el hombre no solo tenía masa, sino también peso. Debía de medir más de un metro ochenta de alto, y pesaría más de ciento veinte kilos. Su expresión era afable, sus ojos diminutos y llevaba una barba puntiaguda. Una guitarra le colgaba del hombro. Me pareció un ser fantástico, un gigante de los cuentos de hadas, mezclado entre una multitud de pobres mortales. Se trataba de Burl Ives. Entonces se alzó el telón y dio comienzo el espectáculo. Me agarré a los extremos de la silla y adopté una postura rígida. Todo lo que podía ver era un extenso contorno de caras blancas que tenían clavados los ojos en mí. A ratos, pasaba del frío al calor. Me daba cuenta de todos mis movimientos involuntarios, por mínimos que fueran, y creo que esta consciencia contribuía a que llamase más la atención. Me imaginaba estar solo en el escenario, rodeado por una viva e impactante luz, bajo la lente de un microscopio que no dejaba que ninguno de mis movimientos pasara inadvertido. Me sentía vigilado por mil ojos, y todos mis antiguos temores se estaban apoderando otra vez de mí.

Burl Ives empezó a cantar. Su voz expresaba dulzura y suavidad con rasgos festivos. Su modo de cantar era ingenioso y divertido. Me limité a cerrar los ojos y a escuchar su canción, olvidándome de mis temores casi por completo.

Enseguida pasé a ser uno más entre los que se divertían al oírle cantar *The Blue-tailed Fly, Mr. Frog Went A*

Courting, The House Where Grandmother Dwells. Por último, invitó a todos a cantar con él:

There was an old woman who swallowed a fly.
Now I don't know why she swallowed a fly
Perhaps she'll die...

(Había una vieja que se tragó una mosca.
Pero no sé por qué se tragó una mosca.
A lo mejor se muere...).

Y yo también me puse a cantar con todos. Me reí tanto que me olvidé de todo lo demás.

De improviso, Burl Ives se detuvo y salió del escenario, pero tuvo que repetir algunas canciones, hasta que le dejaron marcharse definitivamente. Después, el presidente de la Ireland-America Society anunció que el doctor Collis se dirigiría a los reunidos como portavoz de la asociación de parálisis cerebral.

El doctor se levantó y se dirigió al micrófono. El público no dejó por ello de charlar. No iba a resultar fácil llamar su atención.

Sacó mis escritos de su bolsillo y los colocó en la mesa frente a él.

—No voy a hacer ningún discurso —dijo—. Ni siquiera una petición de ayuda. Solo quiero leerles algo que les hará conocer mejor a una persona enferma de parálisis cerebral: el primer capítulo de la autobiografía de Christy Brown —y me señaló con la mano—, escrita con su pie izquierdo.

Dio comienzo a la lectura. En los primeros momentos seguían oyéndose murmullos entre el público, la gente arrastraba los pies, tosía, y hasta había un hombre leyendo el periódico. Estaba claro que él había ido por el concierto, y no para escuchar una lectura que hablaba de un disminuido.

Poco a poco, y conforme el doctor iba leyendo, cesaron los murmullos; y se fue haciendo un profundo silencio. Yo observaba los rostros que tenía enfrente, pero ya no parecían inquisitivos y de ojos asombrados, sino de expresión amistosa e interesada. Ya no me sentía observado por ellos, pues estaban atentos al doctor mientras proseguía la lectura del capítulo. ¡Me estaban escuchando!

Aún me sentía con cierta tensión, sentado en el escenario, a la vista de todo el mundo. Pero, pasado un rato, yo también me puse a escuchar, y así mis nervios se fueron calmando. Me olvidé de mis manos retorciéndose entre mis rodillas. Me olvidé de mi boca deforme y mi cabeza temblorosa. Escuché... ¿Era algo real estar sentado en un escenario, junto a papá y mamá, ante una gran cantidad de público, escuchando un relato de mi infancia? ¿Era yo el que había escrito aquello? ¿Había salido eso realmente de mi cerebro? Creía estar soñando.

Escuchaba... Recordé aquel día de diciembre, cuando dibujé por primera vez la letra A con mi pie izquierdo, y a mamá arrodillada junto a mí, en el suelo de la cocina, animándome a no darme por vencido... Me acordé de mis hermanos, del día en que Tony me desnudó, junto a unos arbustos, para ponerme el enorme traje de baño de Jim y nadar en el canal, y del pobre Jim gritando: "Se va a ahogar. Te lo dije"... Recordé aquel día tan espantoso en que empecé a pensar en mí mismo, en el pánico que sentí al saber que toda mi vida sería un disminuido, los días que dedicaba a la pintura, así como las noches de soledad en la cama mientras Peter roncaba tranquilamente... Me acordé de Lourdes y de las velas de la gruta... y de Sheila llegando a la clínica por las mañanas, con el pelo desordenado por el viento y la lluvia.

De pronto advertí que el doctor había dejado de hablar. De nuevo se produjo un silencio total. Me di cuenta de que alguien estaba llorando. Mamá estaba sentada a mi lado, y le brillaban los ojos. Papá retorcía el sombrero entre sus manos, y me contemplaba como nunca lo había hecho antes. No se oía nada. El doctor Collis avanzó por el escenario, me puso la mano en el hombro y me ayudó a ponerme en pie. Entonces, la gente prorrumpió en aplausos... Unos aplausos interminables, que se elevaban como las olas del mar.

Alguien, entre el público, se acercó con un enorme ramo de rosas. El doctor se detuvo para recogerlas. Después se encaminó hacia donde estaba mamá para depositárselas en sus manos. Los aplausos cesaron.

—Creo que ustedes estarán de acuerdo —dijo el doctor, dirigiéndose al público— en que solo queda una cosa por hacer: unas rosas rojas para Mrs. Brown. Para usted, mamá —y se inclinó para darle el ramo.

Los aplausos continuaron. Entonces, vi al fondo de la sala a un grupo de mis hermanos aplaudiendo y gritando hasta enronquecer. Eran Jim, Francis, Paddy, Peter y Sean.

Mamá tomó el ramo con modales de una reina madre que estuviera acostumbrada a recibir rosas todos los días. Creo que se puso colorada, pero no sé si era por las rosas o por el abrigo de piel. De pie, a su lado, estaba papá, con los hombros caídos y su escasamente poblada cabeza inclinada hacia adelante. Mientras mamá sujetaba la rosas entre las manos, le oí decir, con un leve susurro:

–Ponte derecho, Paddy.

Papá se enderezó, pero entonces se le cayó el sombrero, y Peggy lo recogió enseguida. Entonces Burl Ives volvió a salir, y se puso a cantar canciones populares irlandesas, como *She Moved Thorough the Fair,* que era una versión particular suya de *The Spanish Lady.*

Ahora me sentía muy relajado, y me lo estaba pasando estupendamente. Era feliz y me encontraba en paz. Y continué apoyado en mi silla, mientras mi viejo amigo, el pie izquierdo, seguía el ritmo de la música.

ESTE LIBRO, PUBLICADO POR
EDICIONES RIALP, S. A.,
MANUEL URIBE, 13-15, 28033 MADRID,
SE TERMINÓ DE IMPRIMIR EN
SERVICE POINT, MADRID
EL DÍA 29 DE ENERO DE 2025.